加拿大

Orientation to Canadian Business and Cultural Practices

商务与生活指南

Orientation to Candian Business and Cultural Practices

加拿大
商务与生活指南

闫长明 ★ 主编

来自全球各地勤劳智慧的人民共同建设了富饶发达的加拿大。
加拿大多次被联合国评为最适于人类居住的国家。
加拿大地大物博，人民安居乐业，地理位置优越。
中加两国长期友好，加拿大是中国企业及企业家国际化发展的理想平台。

当代世界出版社

加拿大国际贸易部部长题词

致：加拿大加达国际商务投资集团闫长明先生：

如您所知，加拿大政府旨在建立推动连接亚洲与北美联系的"太平洋门户"项目。这将对加拿大的发展十分重要。五月份项目启动预算已达到5.91亿加元，将用于地域性物流和商业领域建设。

此项目将在西部的英属哥伦比亚省启动，但将使整个加拿大受益。项目与西部四省公立及私立机构形成合作伙伴关系。正如您注意到的，"太平洋门户"项目的启动将加强加拿大与亚洲和北美的联系。

我很感激您和您的公司在增进加中关系中所做出的努力。中加企业之间良好的合作伙伴关系得益于两国的贸易促进战略，而这些战略又使加拿大的国际商业取得了成功。

加拿大国际贸易部部长、国会议员
David Emerson
2006年5月31日

Minister of International Trade and
Minister for the Pacific Gateway and
the Vancouver-Whistler Olympics

Ministre du Commerce international et
ministre de la porte d'entrée du Pacifique et
des Olympiques de Vancouver-Whistler

Ottawa, Canada K1A 0G2

The Honourable   L'honorable
David L. Emerson, P.C., M.P., c.p., député

3 1 MAY 2006

Mr. Charles Yan
President
Canada Cadavisa Investment Group
W3-306, Oriental Plaza
1 Chang An Street East
Beijing 100738
CHINA

Dear Mr. Yan:

Thank you for your correspondence of February 28, 2006, regarding the Pacific Gateway Initiative.

As you know, developing Canada's Pacific Gateway is important to the Government of Canada, and $591 million was announced in the May budget for this initiative. The Pacific Gateway approach is based on the convergence of opportunities in transportation, geography and commerce. It will be rooted in transportation, addressing near-term capacity issues and building strategically for the future.

Although the initiative is based in British Columbia, it is pan-western in focus, and will deliver economic benefits across Canada. It will be based on partnerships with the four western provinces, and between the public and private sector. As you noted, the Pacific Gateway Initiative will strengthen Canada's ability to connect Asia and North America.

I would like to thank you for the work that your company has undertaken in promoting trade relationships between Canada and China. Canada's success in international commerce depends more than ever on trade promotion strategies that build on successful partnerships between Canadian and Chinese entrepreneurs and companies.

The Canadian government welcomes your company's interest in and support for the Pacific Gateway Initiative. I have noted your offer to contribute to this important undertaking. The federal Cabinet is deciding on the details of the Initiative, and the government is currently exploring ways to move forward as efficiently as possible for early results.

Again, thank you for writing.

Sincerely,

The Honourable David L. Emerson, P.C., M.P.

Canada

注：以上为加拿大国际贸易部部长的来稿原件

加拿大驻华大使题词

"Canada and China enjoy not only a longstanding and deep friendship, but in 2005 committed to a Strategic Partnership that will further increase our ties to the mutual benefit of citizens from both countries. Canada possesses expertise in key sectors of interest to China, including agriculture, energy, advanced technology, communication, and transportation, as well as in areas such as environment, public policy & governance, education & academic research, and the arts. Canada is an innovative & dynamic country, a partner of choice for China. Our mutual sharing and growth continues."

Canada Ambassador for Canada to PRC
Robert Wright
Oct. 28.2006

中加两国不仅友谊深厚绵长，而且在2005年确立了战略伙伴关系，这将进一步加强双边关系，惠及两国人民。加拿大在中国感兴趣的许多重要领域具有领先地位和经验，其中，包括，农业、能源、发展科技、通讯、交通、环境、公共政策、政府职能、教育、学术研究、艺术等方面。努力创新、充满活力的加拿大是中国的首选合作伙伴。中加两国在合作和发展的道路上将不断前进。

加拿大驻中华人民共和国全权大使
罗岚
2006年10月28日

The purpose of this book is to provide practical and useful information on Canada to those considering immigrating and/or investing in Canada.

I wish to acknowledge Charles Yan excellent research and understanding of Canada.

This book is a "must" for anyone wishing to make Canada their new home &/or investment destination.

Canada is a perfect match with the needs and values of China. It has vast natural resource reserves, it is a leader in state of the art technology and acts as a friendly bridge to the United States and Europe. Canadsa and China have shared a unique friendship and tollerance in our respective cultures and society for many generations.

As an immigrant myself to Canada many years ago Charles Yan's book would have made my transition from my homeland that much easier had it been available at that time.

Canada has a most welcoming immigration policy and with the ever increasing numbers of people from China making this their new home, one no longer feels like a stranger in a foreign land. In large cities such as Toronto and Vancouver, Chinese is the and most spoken language.

I congratulate Charles Yan for his initiative in writing this book. Canada is a wonderful country that is home to well over one million people of Chinese origin.

A. Neil Tait

BMO Financial Group

Special Advisor to the President & CEO on Asia

本书旨在为考虑在加拿大投资或移民的人士提供实际、有用的信息。

基于对加拿大深入的了解以及详尽的调研，闫长明先生为每一位希望在加安居乐业的人士提供了完备的信息，为此，我深表感谢。

因此，本书是每一位希望在加拿大安置新家，或把加拿大作为投资目的地人的必读材料。

无论是从需求还是价值角度来看，加拿大都是中国最好的伙伴。加拿大拥有极其丰富的自然资源储藏；加拿大也是尖端技术的世界领导者；同时还是通往美国和欧盟市场的桥梁。加中两国长久以来拥有独特的友好关系，并对各自的文化传统相互包容、相互尊重。

作为老移民，我自己深深地感到，如果多年前，初次登陆加拿大时我就能有这样一本全面的实用指南，那么，我的适应过程会变得容易得多。

加拿大的移民政策是非常受人欢迎的。随着近年来，越来越多的中国移民来加拿大安家落户，您不会有在异国孤立无援的陌生感。在主要的大城市，如多伦多和温哥华，中文已成为除英语外最被广泛使用的语言。

祝贺闫先生顺利地完成本书艰巨的写作过程。加拿大这样一个美丽的国家，已经成为超过一百万从中国来的移民的新家。

廖德

加拿大蒙特利尔银行金融集团

总裁及首席执行官亚洲事务特别顾问

目录 Contents

第一章　国家概况

（一）综述 4
（二）概况 5
　◆ 地理　气候　历史 5
　◆ 人口　语言　货币 8
　◆ 民风　民俗　节日 10
　◆ 国体　政体 14
（三）行政区划 18
　◆ 国家政治中心——渥太华(Ottawa) 20
　◆ 风景这边独好——不列颠哥伦比亚省
　　 （B.C.省，British Columbia）................ 22
　◆ 人口最多最富有——安大略省(Ontario) 28
　◆ 面积最大的法国文化中心——魁北克省（Quebec） 34
　◆ 魁北克会独立吗？ 37
　◆ 新崛起的西部——草原三省 39
　◆ 加拿大的渔业中心——大西洋沿岸诸省 48
　◆ 与世隔绝的处女地——北部区 53
　◆ 中加友好城市和省份 62

第二章　蓬勃发展的经济

- （一）综述 ········· 66
- （二）经济现状及分析 ········· 67
  - ◆ 行业和地域分布 ········· 67
  - ◆ 进出口贸易 ········· 75
  - ◆ 太平洋门户 ········· 75
- （三）北美自由贸易区 ········· 76
  - ◆ 北美自由贸易协议（NAFTA）········· 76
  - ◆ 对中国企业的意义 ········· 76
- （四）加拿大投资法规解读 ········· 77
  - ◆ 在加拿大投资 ········· 77
  - ◆ 公司注册的注意事项 ········· 80
  - ◆ 有限公司注册 ········· 81
- （五）中加经贸往来 ········· 82
  - ◆ 企业在加拿大上市的步骤 ········· 84
  - ◆ 企业在加拿大上市的途径 ········· 85
  - ◆ 能源矿产类企业在加拿大融资与上市 ········· 87
  - ◆ 多伦多证券交易所上市的基本要求 ········· 91
- （六）投资加拿大的优势 ········· 92
  - ◆ 加拿大拥有令人羡慕的特色 ········· 92
- （七）加达集团总裁闫长明先生访谈 ········· 97

第三章　系统完善的教育

- （一）综述 ········· 106
- （二）基础教育 ········· 107
  - ◆ 学前教育 ········· 107

- ◆ 初中等教育 ···109
- ◆ 加拿大高中最新排行榜 ························110

(三) 高等教育 ···112
- ◆ 高等教育制度简介 ······························112
- ◆ 加拿大著名大学 ··································113
- ◆ 其他大学 ··130
- ◆ 《麦克林》杂志加拿大大学最新综合排行榜 ···135

(四) 赴加留学 ···137
- ◆ 留学加拿大的理由 ······························138
- ◆ 赴加留学认识误区 ······························140
- ◆ 如何办理留学签证及注意事项 ············141
- ◆ 留学生转移民签证须知 ························145

第四章 安全舒适的生活

(一) 综述 ···148

(二) 国民福利 ···149
- ◆ 儿童福利 ··149
- ◆ 成人福利 ··152
- ◆ 医疗健康保险 ·····································153
- ◆ 公共假期 ··156

(三) 休闲购物 ···157
- ◆ 购物中心 ··158
- ◆ 百货连锁店 ··158
- ◆ 旧货商店 ··158
- ◆ 院落交易 ··158

(四) 购房置业 ···159
- ◆ 加拿大房产市场分析 ···························160
- ◆ 房地产投资常见方式 ···························160

- ◆ 投资置业分析 ················ *162*
- ◆ 自用置业分析 ················ *163*
- ◆ 购买住宅程序 ················ *163*
- ◆ 购房费用 ···················· *164*
- ◆ 首期付款计划 ················ *166*
- ◆ 房屋买卖税目 ················ *166*
- ◆ 购房须知 ···················· *166*

第五章　方便快捷的服务

- （一）综述 ······················ *172*
- （二）交通运输 ·················· *173*
  - ◆ 公共交通工具 ················ *174*
  - ◆ 应对交通事故 ················ *174*
  - ◆ 冬季驾车须知 ················ *175*
- （三）金融理财 ·················· *176*
  - ◆ 银行服务 ···················· *176*
  - ◆ 帐户分类 ···················· *179*
  - ◆ 自动柜员机 ·················· *179*
  - ◆ 电话或互联网银行事务 ········ *179*
  - ◆ 投资保值 ···················· *179*
  - ◆ 保险 ························ *180*
- （四）旅游娱乐 ·················· *181*
  - ◆ 丰富的旅游资源 ·············· *181*
  - ◆ 旅游注意事项 ················ *185*
  - ◆ 休闲娱乐 ···················· *186*
- （五）法律服务 ·················· *191*
  - ◆ 如何与警察打交道 ············ *191*
  - ◆ 聘用律师的秘诀 ·············· *192*

第六章　积极开放的移民政策

- （一）综述 ·· 196
- （二）移民加拿大的理由 ··································· 197
    - ◆ 中国企业家国际化发展首选加拿大 ················ 197
    - ◆ 一人成功，全家移民 ································ 198
    - ◆ 移民加拿大，子女享受免费教育 ················· 200
    - ◆ 加拿大放宽"移民监"限制 ························ 201
- （三）商业移民类 ·· 202
    - ◆ 投资移民 ··· 202
    - ◆ 企业家移民 ·· 203
    - ◆ 自雇移民 ··· 203
- （四）独立技术移民 ··· 205
- （五）家庭团聚移民 ··· 206
- （六）加拿大投资移民申请程序 ···························· 207
- （七）加拿大投资移民费用一览表 ························· 208
- （八）移民加拿大后落地指南 ······························ 209
    - ◆ 行前准备 ··· 209
    - ◆ 携带外币的方式 ···································· 211
    - ◆ 登陆指南 ··· 212
    - ◆ 落地必办的事宜 ···································· 218
    - ◆ 加拿大生活小常识 ································· 220

编者后记
附录一　中加关系大事记
附录二　部分酒店名录
附录三　使馆和服务机构电话
附录四　加拿大地图

第1章

国家概况

加拿大是世界上国土面积第二大的国家
政治稳定　人民生活富足
幅员辽阔　美景天成
持加拿大护照可以自由往来世界100多个国家

Orientation to Canadian Business and Cultural Practices

一、综述

加拿大的意思是"村庄"。加拿大立国初期的官方全名是加拿大自治领(英文：The Dominion of Canada，法文：Le Dominion du Canada)。

在20世纪30年代后，加拿大联邦政府正式放弃加拿大自治领的称号。此后在正式场合，都是使用Canada一词作为官方国名。

加拿大是一个大国，从大西洋延伸到太平洋，跨越了世界四分之一的时区，包括南部的10个省及北部的3个地区，拥有多种不同的气候。

加拿大阳光充沛、四季分明。3月至5月为春季，6月至8月为夏季，9月至11月为秋季，12月至来年2月为冬季。

第一章

国体、政体和行政区划

二、概况

地理 气候 历史

加拿大位于北美大陆的顶端，这是一片广袤而美丽的神奇土地。东濒大西洋，西临太平洋，北濒北冰洋，东北隔巴芬湾与格陵兰岛相望。国土总面积为9,970,610平方公里，仅次于俄罗斯，是世界上面积第二大国家。

加拿大西北与美国阿拉斯加州接壤，南与美国本土毗邻。与美国的陆界长8893余公里，可谓世界上最长的不设防的边界线，两国公民不需签证就可跨越国界。

加拿大整个国土处于高纬地区，自然风光独具特色，是典型的"北国风光"。

加拿大的地理多种多样，颇具特色，既有宜于农业的沃土平原，也有广大的山区以及众多的河流湖泊。在遥远的北方，荒野森林之外就是北极的冻土地带。

加拿大人说："我们没有悠久的历史，但我们有多姿多彩的地理"。加拿大的风景和独特的地理风光，千姿百态，美妙绝伦，她以其独特的魅力，吸引着千上万来自世界各地的游客。

从不列颠哥伦比亚省绵延的海岸线，阿尔伯塔省巍峨的落基山脉，辽阔无垠的高地大草原到有"枫糖之乡"之

称的五大湖区和圣劳伦斯省以及大西洋沿岸各省嶙峋的山峰和风景如画的海岸，这里应有尽有。

加拿大的原住民是印第安人和爱斯基摩人。16世纪起，英、法裔人大量涌入。其后两国展开数次殖民地战争，结果英国于1763年的巴黎和约中获得加拿大支配权。

1867年7月1日，英国议会通过了《北美法案》，正式承认加拿大自治权。1882年4月17日，英女皇在OTTAWA宣布加拿大在立法上脱离英国，并签署《加拿大宪法草案》即现行的加拿大宪法。

1931年，加拿大的内政外交正式脱离了英国的从属关系，得到了完全的自治权，成为英联邦成员国，其议会也获得与英国议会平等的立法权。1945年加拿大加入国际联盟，并于1949年加入北大西洋公约组织，正式稳固了其在国际政治方面的地位。

第一章

Orientation to Candian Business and Cultural Practices

国体、政体和行政区划

人口 语言 货币

人 口

加拿大人口总数约3309.128万(截止至2007年10月1日)，平均每平方公里约3人，是世界上人口密度较低的国家之一。绝大多数居民集中居住于沿加拿大、美国边界的狭长地带。

由于早期来加拿大的殖民者以英法人为主，故至今全国居民中英法裔仍占多数，其中英裔居民约占28%，法裔居民约占23%，其次是意大利、德国、乌克兰等欧洲人后裔约占15%，美洲印第安人约占全国人口的2%。随着近年华人移民加拿大人数的增多，华人人口已超过150万。

加拿大居民中信奉罗马天主教的居民占42.6%，信奉基督教新教的居民占23.3%。

加拿大素有"移民天堂"的美誉。连续多年被联合国评选为最适宜人类居住的国家，也是世界上几个大量吸收外来移民的国家之一。加拿大执行着西方发达国家中最宽松及灵活的移民政策，每年有二十余万技术人才及商业人士从世界各地移居加拿大。

第一章

Orientation to Candian Business and Cultural Practices
国体、政体和行政区划

语 言

英语和法语同为加拿大官方语言。加拿大民族构成主要为英裔、法裔、荷兰裔、德裔、波兰裔和华裔，各民族在多元文化中融洽相处。

近十余年来，随着东南亚居民移民加拿大的人数增多，中文在加拿大已渐成为仅次于英、法语的最通行语言。

货 币

加拿大的货币是十进制，货币单位是元（Dollar，货币代码$、CD、CAN、CAD、CDN等），口语中常叫BUCK。加拿大只有中央银行才有惟一的钞票发行权，而联邦政府则拥有惟一的硬币发行权，政府是通过加拿大皇家铸币厂发行硬币的。

目前市面上流通的加拿大货币主要有：

1分，5分，10分，25分，50分（市面罕见，花3加元可以在集币商店买到），1元和2元7种；

5元，10元，20元，50元，100元和1000元六种面值，其中1元，2元纸币目前退出流通市场，市面上少见，为珍贵收藏品。2004年3月17日新发行100元纸币。

民风 民俗 节日

民风

加拿大人多数系欧洲移民后裔,故其生活习俗多与欧洲及美国人大致相同。加拿大人的家庭以3～5口人为多(即夫妇俩和1～3个子女)。独居者或多子女的家庭很少。

父母亲非常注意培养孩子的吃苦、勤奋和自立的习惯。一般不娇惯孩子,子女从读高中起便开始在学习假期中找工作挣钱,高中毕业后就独立生活,边学习边工作,在学校放假期间他们便出去打工,挣钱缴纳学费。

民俗

加拿大人一般请客人在家中吃饭,而不去餐馆,认为这样更友好。客人来到主人家进餐时,由女主人安排座位,或事先在每个座位前放好写有客人姓名的卡片。

在加拿大一般应邀去友人家里吃饭,不需送礼物。如在节假日或周末走亲访友,则应给女主人带点礼品,如一瓶酒、一盒糖等。离开主人家后,回到家中应立即给女主人写封信,告诉已平安抵家,并对受到的款待表示感谢。

第一章

Orientation to Candian Business and Cultural Practices
国体、政体和行政区划

节 日

加拿大推崇多元文化，节假日也因民族的众多，地区的差异而数不胜数，但全国性的节假日有下述几个：

🍁 **新年（New Year's Day）** 每年1月1日。像中国人过年一样，人们通宵开party，看电视，喝啤酒，休息放松，迎接新的四季轮回。很多人在新年许愿，希望在新的开端有所改变。

🍁 **爱尔兰节（Saint Patrick's Day）** 3月17日。这个节日起源于爱尔兰的国庆节。Saint Patrick是爱尔兰人尊崇的圣人。他帮助爱尔兰人将害人的蛇驱赶进汪洋大海。绿色是这个节日的象征。人们尽可能地穿绿色服装，喝绿啤酒。通常有大型的游行活动。

🍁 **复活节（Easter Sunday）** 3月21日后的第一个星期日。本来是庆祝耶稣复活的宗教节日，但目前宗教气氛已逐渐淡化，人们更多的是拥向商店，而不是教堂。节日期间最高兴的当数儿童，他们可以得到各种巧克力，以及象征生命力的彩蛋和兔宝贝。

🍁 **维多利亚日（Victoria Day）** 5月24日是英国女王维多利亚的生日。人们放假一天，以示庆祝。

🍁 **国庆节（Canada Day）** 7月1日（国家成立于1867年）。各大中城市组织上街游行狂

欢，晚上燃放焰火，最重要的活动地点当数首都渥太华。很多民间组织或个人自愿出资制造彩车，并举行各种表演式的游行。有时皇家卫队骑马开道，并常常有老兵着军装，配勋章游行。人们纷纷涌向街头看热闹，当游行队伍经过时，群情激奋。有时国家首脑及省政府官员突然出现在人群中与街头百姓握手。在街道两旁，有人做杂耍等游戏，形式自由多样，热闹非凡。

- 劳动节（Labor Day）9月份第一个星期一。在多数加拿大人的概念中，此节日标志着夏天的结束。没有什么特殊的活动，但大家又可以过一个长周末。家长利用此时间为孩子的新学期开始做准备；商店也利用此时促销文具。也可见很多"院落交易"活动。

- 感恩节（Thanksgiving Day）10月份第二个星期一。加拿大的感恩节和美国的感恩节不在同一天。在此日，每个人借此机会表示自己的感谢之心。大家感谢土地为他们带来的丰收，感谢上帝给他们的健康；孩子们感谢父母的关怀与照顾，学生们写卡片给老师感谢他们的教导，朋友们互相感谢帮助，还有许许多多的感谢。这一天很多人从工作岗位回家，晚间全家人欢聚一堂举行丰盛晚宴。南瓜饼是常见的感恩节食物，火鸡是感恩节的吉祥物标志。

- 停战纪念日（Remembrance Day）11月11日。原为纪念死于两次世界大战和朝鲜战争中的将士，但现在这一天已用来纪念所有死于战争的人。

第一章

Orientation to Candian Business and Cultural Practices

国体、政体和行政区划

加拿大各地都有自己的地方节日，举例如下：

🍁 **冬季狂欢节（2月上、中旬）魁北克省居民最盛大的节日。**节日活动规模盛大，内容丰富多彩，具有浓郁的法兰西色彩。节前，要用雪筑成一座五层高的"雪之城堡"；节日期间，要推选一位"狂欢节之王"，作为魁北克市的临时"统治者"，他身穿白衣，头戴白帽，犹如"雪人"一般。在破冰后的圣劳伦斯河上要举行传统的"冰河竞舟"。还要在冰、雪上举行其它各种活动。

🍁 **郁金香花节（5月的最后两周）首都渥太华的盛大节日。**节日间举行各种彩车游行。欢庆的人们还选出一位美丽的"皇后"。人们尾随"皇后"的花车，以乐队为前导徐徐前行。

　　第二次世界大战时，欧洲战火燎原，荷兰女皇曾在渥太华避难并产下一子。战后，浪漫的女皇回国后，为感谢渥太华市民，每年送来了许多郁金香花种，如今渥太华的郁金香花节已成为加拿大盛大的节日之一。

🍁 **淘金节。**加拿大阿尔伯塔省人每年从8月底起连续10天举行淘金庆祝活动，以纪念祖先们的奋斗精神。人们身着淘金时代的服装上街游行，在埃德蒙顿广场举行各种文艺演出，夜晚燃放烟火，热闹非凡。

国体 政体

加拿大是一个君主立宪、采用民主议会制的联邦国家。

英国女王伊丽莎白二世是加拿大的国家元首。其行政权力由她的代表加拿大总督和副总督行使。名义上，总督享有王室在加拿大的所有行政权力和特权，但实际上，执行最高行政权力的是总理和内阁成员。

加拿大行政机关主要由三级政府组成：联邦政府、省和北方领地政府、市政府。加拿大最高法院是最高的执法机关。

总理和内阁成员作为联邦政府的代表履行行政权力，内阁由总理和总理推举的部长组成。习惯上，被任命的所有内阁成员要从众议院和参议院产生。总理是由在众议院中获得多数席位的政党领袖所担任。目前加拿大有四个主要政党：自由党、保守党、新民主党和魁北克人党。

国旗 国徽 国花 国歌

🍁 国旗

加拿大自治领成立于1867年，几乎100年后加拿大正式国旗才诞生。加拿大国旗十分容易辨认，长宽比为2:1的红色旗帜，中间有一道白色方条，上有红色枫叶。该图案是根据对加拿大历史的强烈感悟设计而成的，是几位加拿大人集体合作的结晶。

第一章

Orientation to Candian Business and Cultural Practices

国体、政体和行政区划

🍁 国徽

加拿大联邦成立后的头几十年中，英国皇家纹章可用作识别加拿大政府机关的标志。新国徽于1921年11月21日由国王乔治五世颁布。

🍁 国花

加拿大的国花不是一般意义上的一种花卉，而是枫叶。枫叶作为加拿大的标志可以追索到1770年前后。加拿大以枫树为国树，枫林遍及全国，素有"枫叶国"之美誉。加拿大有10多种枫树，最著名的是糖枫和黑枫。

🍁 国歌

1880年6月24日，由卡力沙·拉瓦雷作曲的歌曲"啊，加拿大"被首次演唱。100年后的1980年7月1日这首歌被宣布为加拿大国歌。100多年来，人们为之谱写了许多不同的英文歌词。目前，加拿大国歌正式的英文歌词为罗伯特·斯坦利·韦尔法官1908年所写，法文歌词由阿多尔夫·贝西·卢提尔爵士所作。

加拿大国歌歌词（中文）

啊！加拿大，我们的家园和祖国！
您值得所有儿女们对您的赤诚之爱！
我们以无比自豪的心情，看到您蒸蒸日上，
成为一个真正的北方强国，自由而富强！
啊！加拿大，在四面八方，
都有您的儿女在守卫着您。
愿上帝保佑我们的祖国无上光荣和自由！
啊！加拿大，我们守卫着您。

君主立宪

从法国殖民化和英国统治时期到今天加拿大自己的政府，加拿大人一直生活在君主制下。英国女王伊丽沙白二世也是加拿大的女王和许多领土的君主。作为加拿大女王，她授权给一位加拿大总督。加拿大因而是个君主制国家：女王统而不治。女王在加拿大本土的代表为加拿大总督，总督没有任何政治归属，其责任是以君主名义同意法案、宣读君主讲话、在国家文件上签字、宣布国会召开或解散，以及其它国家职务。

现任总督为米歇尔·让，她不仅成为加拿大历史上最年轻的总督，也是加拿大第一位黑人女总督。上任总督伍冰枝也是一位女性。伍冰枝是1943年三岁时随父母从香港移民到加拿大。两位有色族裔的总督也体现了加拿大是崇尚多元文化的国家。

第一章

Orientation to Candian Business and Cultural Practices

国体、政体和行政区划

议会制度

加拿大议会制度来源于英国。为了保持与英国议会留下来的传统相一致，加拿大议会由女王（加拿大总督为其代表）、参议院和众议院组成。

众议院是法律的主要制定者。现众议院由308名议员构成，分别来自不同的选区。总理领导下的内阁拥有真正的行政权。一般来说，总理是获得众议院最多议席政党的领袖，被授予广泛的权力。一般由总理在执政党议员中挑选政府部长。

联邦政府

1867年加拿大的33位"联邦之父"采用了联邦制作为政府的形式。历史遗留下来的分权的联邦结构能照顾到加拿大地理现实、文化的多样性、两种法律制度和语言传统。

在加拿大，中央或联邦议会负责外交、国防、省际和国际贸易、商业、移民、银行业、货币制度、刑法和渔业。法院还授权联邦议会管理诸如航空、海运、铁路、电信和原子能等方面的工作。联邦政府主要由三大部分组成：行政、立法和执法三大部门。行政部门包括总督、总理及政府内阁。

省和北方领地政府

联邦政府和省政府对移民、农业及其他一些事务有共同管辖权。地区和省的立法机构负责教育、财产、公民权、司法、医院及其疆界内的自然资源、社会保险、卫生和市政事务。

省政府结构与联邦政府相似，女王的代理叫省总督。每个省都有省议会。大部分省议会被称为立法局。在魁北克省，却称之为国民议会。

市政府规模比联邦和省政府小很多，市政府主管地方事务如学校、水、垃圾清理、交通、消防等。大城市拥有自己的警察。

司法体系

加拿大是通过一整套完善的法律系统来治理国家的。加拿大最高法院是最高的执法机关。在加拿大，法律对包括警察、法官、政治家和政府组成人员在内的所有人都是一样适用的。加拿大每一个人不论是公民还是永久居民，在司法系统面前都是平等的。

就行政区划而言，加拿大是由10个省和3个地区组成的联邦国家。首都为渥太华（Ottawa）。省下设市、镇、村等。不列颠哥伦比亚、安大略和魁北克还有郡的建制。

加拿大省和地区的主要不同在于省是根据宪法条约所设立的，但地区是据联邦法律所设立的。所以地区由联邦政府直接管辖，省是由各省所立的政府所管辖的。

三、行政区划

首都：渥太华，位于安大略省

省　区　概　况	
省　　　份	首　　　府
卑斯省（British Columbia，简称BC省）	维多利亚（Victoria）
阿尔伯塔省（Alberta）	埃德蒙顿（Edmonton）
萨斯喀彻温省（Saskatchewan）	里贾纳（Regina）
曼尼托巴省（Manitoba）	温尼伯（Winnipeg）
安大略省（Ontario）	多伦多（Toronto）
魁北克省（Quebec）	魁北克市（Quebec City）
新不伦瑞克（New Brunswick）	弗雷瑞克登（Fredericton）
诺瓦·思科奇亚（Nova Scotia）	哈利法克斯（Halifax）
爱德华王子岛（Prince Edward Island）	查洛顿（Charlottetown）
西北地区（Northwest Territories）	黄刀镇（Yellowknife）
育空地区（Yukon）	白马市（White horse）
努纳福特（Nunavut）	伊卡鲁伊特（Lqaluit）
纽芬兰与拉布拉多（Newfoundland and Labrador）	圣约翰（St. John's）

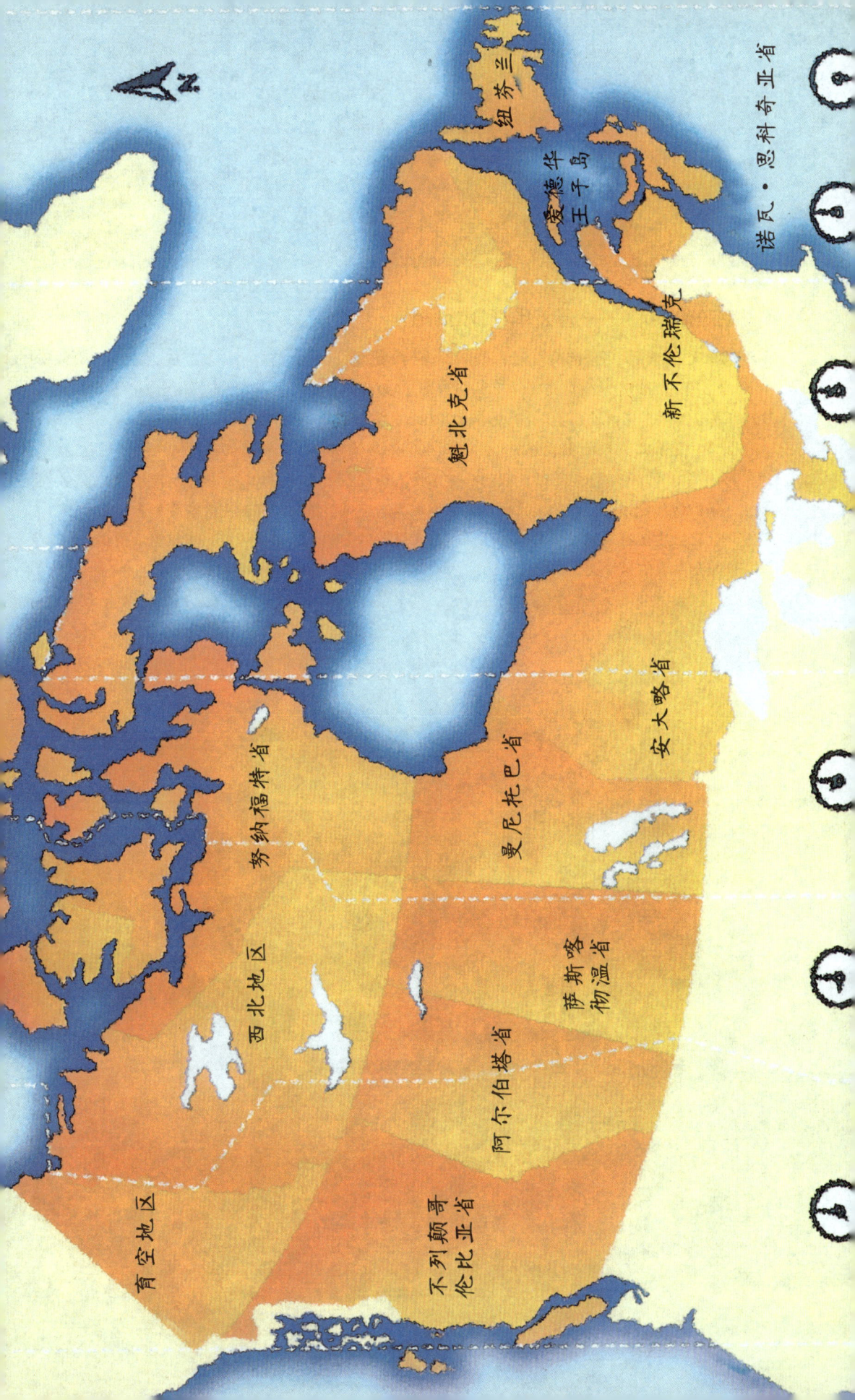

国家政治中心——渥太华（Ottawa）

　　加拿大首都渥太华坐落在渥太华河南岸起伏和缓的小山丘和河谷平原上，是世界上最寒冷的首都之一。1月份平均气温是-11℃，最低气温达-39℃。渥太华1855年设市。该市人口120万，又称"郁金香城"夏秋风光迷人。1999年10月18日，渥太华市与中国的北京市结为友好城市。

　　渥太华是加拿大政治生活的中心，全国最高的决策机构、行政总部和政府机关都设在这里，市内集中了政府各职能部门，政府机关工作人员占就业人口的40%。里多运河将市区分为上城、下城两部分，中间有10座大桥。上城多英裔，下城多法裔。斯帕克大街和里多街为主要商业区。市区主要建筑为议会大厦、联邦政府大厦、档案馆、战争博物馆、国家美术馆等。渥太华还是加拿大的科学文化中心。市内的艺术中心有国家画廊和各种博物馆。

加拿大
Orientation to Canadian Business and Cultural Practices
商务与生活指南

风景这边独好——不列颠哥伦比亚省（B.C.省，British Columbia）

位于加拿大最西部的不列颠哥伦比亚省（简称BC省）西临太平洋，东南接落基山脉，是加拿大地势最高的地区。该省面积9,447.35平方公里，是加拿大面积第三大省。首府为位于温哥华岛的维多利亚市，该省最大城市是温哥华。

本省大地绵延起伏，山峰高耸入云，重峦叠嶂，一望无际，动人心魄。森林辽阔无际，还有湍急的河流，壮丽的瀑布。这是一片美丽而安静的国土。

在加拿大所有的省中，不列颠哥伦比亚省是加拿大经济发展仅次于安大略省的地区，这里有全国最湿润及最温暖干旱的地方，有着广袤尚待开发的巨大资源。

第一章

Orientation to Canadian Business and Cultural Practices

国体、政体和行政区划

不列颠哥伦比亚省概况

首府：维多利亚（Victoria）

首府市中心人口：约32万

加入加拿大联邦的时间：1871年7月20日

人口：440.29万

（2007年12月19日《环球华报》）

人口密度：每平方公里约4.3人

人口增长率：7.4%

预期寿命

男性：76岁　女性：82岁

城镇人口比率：82.1%

官方语言：90.6%讲英语

出生率：11.0

死亡率：11.07.2

总面积：947,800平方公里

平均气温		
夏季	（6～8月）	21℃
秋季	（9～11月）	13℃
冬季	（12～2月）	6℃
春季	（3～5月）	13℃

机场指南	
城　　市	机场代码
温哥华	YVR
维多利亚	YYJ

YVR温哥华国际机场（Vancouver International Airport）

温哥华南6英里，乘计程车到市内约需25分钟，车费约需23加元。机场每隔15分钟有一趟机场快车服务，约需40～60分钟，单程10加元，往返17加元。

YYJ维多利亚国际机场（Victoria International Airport）

维多利亚北12.5英里，乘计程车到市内约30分钟，车费约需38加元。机场班车从清晨4:30到午夜12:30运营，约需40分钟，单程13加元，往返23加元。

Orientation to Candian Business and Cultural Practices
国体、政体和行政区划

温哥华（Vancouver）——通向东方太平洋的门户

温哥华位于不列颠哥伦比亚省西南部太平洋沿岸，市区人口47万多。大市区面积1390平方公里，人口138万。

温哥华市是不列颠哥伦比亚省的最大城市和加拿大第三大城市，是世界上最适宜人类居住的城市。是加拿大最大海港，也是北美第二大港口，其港口可停泊任何吨位的船舶和容纳世界上最大的商舰队，被誉为"太平洋的门户"。

温哥华是加拿大西部最大的工商、贸易、科技和文化中心，工业门类多样化。市内工厂企业主要集中在城市南北，工业区中间带为繁华的商业区，街道宽阔、高楼栉比。温哥华还是加拿大西海岸的文化中心。伊莉莎白女王剧院和不列颠哥伦比亚省大学人类博物馆也是知名的文化场所。

温哥华国际机场位于加拿大西部，西接浩瀚的太平洋。北京、上海、香港，每日有数班飞机到温哥华，是亚太人士进入加拿大的枢纽。20世纪90年代，温哥华的亚洲化日渐明显，大量移民从中国（包括台湾、香港）、新加坡、马来西亚、中国和越南等地到温哥华落地生根，渐渐改变了整个城市的外貌。

温哥华四季如春，有北美知名大学和中小学，数度被联合国评为"最适于人类居住的城市"。是中国及亚洲、世界商业移民到加拿大的首选城市。

2010年冬季奥运会及残奥会将在温哥华举行。

加拿大
Orientation to Canadian Business and Cultural Practices
商务与生活指南

  温哥华依山傍海，景色秀丽。气候温和湿润。温哥华有许多美丽的园林，使该市具有浓浓的东方情调。这里还拥有滑雪、狩猎、垂钓、航海等设施。事实上，温哥华已成为加拿大最负盛名的旅游胜地之一。

  温哥华市内公园遍布。全市共有100多个公园，其中最著名的公园是史丹利公园。其象征北美印第安文化的图腾柱是史丹利公园的重要景观。

  公园内最特别的是水族馆、小火车和观光马车。水族馆展示各式各样的寒、温、热带鱼，还有著名的杀人鲸表演。迷你小火车则载着游客一览原始森林的风貌。公园内其它景点包括Nine O'clock Gun，曾经是渔船入港的信号，因每天晚上九点发射大炮巨响而得名。

维多利亚（Victoria）——英国风味的花园城市

维多利亚市位于加拿大西南的温哥华岛的南端，是加拿大不列颠哥伦比亚省的省会，温哥华岛上最大的城市。维多利亚市气候温和，属海洋性气候。

维多利亚市一月份气候4℃～5℃，一年霜冻期只有20天。年平均降雨量27英寸，雨季为冬季，6月至8月降雨只有2英寸。维多利亚秀美宁静，素有"花园城市"之称，人口32万人。

苏州市与维多利亚市于1980年10月22日结为友好城市。维多利亚的友好城市还有美国加利福尼亚州的棕榈泉市、新西兰的纳皮尔市、俄罗斯的哈巴罗夫斯克市和日本的盛岗市。

人口最多最富有——安大略省（Ontario）

安大略是加拿大最重要的一个省份。加拿大每3个人中就有一个住在安大略。安大略省的面积为106万多平方公里，人口约1250万人。

安大略省是加拿大最富有的省份，它所拥有人口和工业都超过全国其他省份。而且，它还拥有加拿大两个最重要的城市。这两个城市就是加拿大的首都渥太华以及安大略省的省会、全国第一大城市多伦多。

安大略省有加拿大心脏之称，尤其是两大城市：多伦多和渥太华，操控全国的经济和政治命脉。若撇开多伦多和渥太华，安省可分为南北两部分，南部是人口密集的工、农业区域；北部则是人口稀疏、以采矿和伐木为主要的经济活动。

"安大略"是北美印第安人给取的，在印第安语中，它的意思是"遍布美丽水域的土地"。安大略省和这个名称是相称的，因为美丽的湖泊、清澈的河流和雄伟壮丽的瀑布确实遍及全省。它从北部的哈德逊海湾一直向南伸展到大湖地区，从东部的魁北克省一直向西延伸到马尼托巴大平原。

安大略全省可分为三个地理区域：西部和中部土地贫瘠，矿产丰富，河流和湖泊众多；东北部是哈得逊湾低地，多为森林和沼泽；东南部的五大湖－圣劳伦斯河谷地，人口最多，气候温暖。工业区主要在此，通过圣劳伦斯河道可以直通大西洋。

安大略是加拿大最富有、最重要的工业省，在全国经济中处支配地位。安省林、矿、水力资源极为丰富；南部大湖半岛和圣劳伦斯谷地有着肥沃的土地；水、陆、空交通便捷；制造业发达；工业结构多样化，工业中心集中在多伦多以东安大略湖两端的"金色马蹄形"地区，且与美国大湖工业区连为一体；农业区集约化程度全国最高。

如果你没到过尼亚加拉瀑布，你就不算来过加拿大。尼亚加拉瀑布是世界上少有的景观，距多伦仅90分钟的车程。观赏瀑布可搭乘游船，近距离亲身感受，也可在山羊岛的大草坪上搭乘直升飞机，从空中俯瞰尼亚加拉大瀑布的全貌。尼亚加拉瀑布最为壮观的时节在寒冬，最佳的观赏方式是乘坐"雾中少女"号游船在瀑布脚下漫游。

第一章

Orientation to Candian Business and Cultural Practices

国体、政体和行政区划

平均气温		
夏季	（6～8月）	21℃
秋季	（9～11月）	10.8℃
冬季	（12～2月）	-3.3℃
春季	（3～5月）	7.4℃

安大略省的天气和美国东北部的天气很相像。由于其广袤的面积，城市和城市之间，地区和地区之间的气温差别很大。一般来说，1月份气温最低，7月份气温最高。

机场指南	
城　　市	机场代码
渥太华	YOW
多伦多	YYZ

YOW渥太华机场（Ottawa Airport）

离渥太华南20公里（12英里），乘计程车到市区约需20分钟，车费约23加元。每隔半小时有机场班车出发，到市区约需25～30分钟，单程9加元，往返14加元。

YYZ多伦多国际机场（Toronto International Airport）

离多伦多西北25公里（15英里），乘计程车约需20～25分钟，车费约35加元。每隔20分钟有机场高速班车开出，到市区约需30分钟，车费单程12.5加元，往返21.5加元。11岁及以下儿童免费。有公共汽车到达可以换乘多伦多地铁的地方，车费约2加元。

安大略省概况

首府：多伦多（Toronto）

首府市中心人口：约32万

加入加拿大联邦的时间：1867年7月1日

人口：1285,06万

人口密度：每平方公里约12.9人

人口增长率：6.6%

预期寿命

男性：76岁　女性：81岁

城镇人口比率：83.3%

官方语言：85.7%讲英语　0.4%讲法语

出生率：11.5

死亡率：7.3

总面积：1,068,580平方公里

绿地面积：807,000平方公里

海岸线长：1,210公里

多伦多（Toronto）——加拿大最大商业城市

多伦多位于安大略湖的西北部，是安大略省的省会，加拿大的第一大城市，也是金融和工商业的国际大都市，它由五个城市和一个自治镇组成。多伦多市人口248万，大多伦多地区人口560万。大约1/3的加拿大人居住在距多伦多两小时车程的郊区。

"多伦多"早期为印第安人居住地，在印地安语中的意思是"人群聚集之处"。多伦多位于加拿大全国经济最发达的大湖半岛上。在多伦多市内到处可以看见五颜六色的麋鹿塑像，约有300多只，大小不同，形态各异，使多伦多有了"麋鹿之城"的美称。

多伦多是加拿大最大的城市，一直以来，多伦多都是交通要塞，所以商业贸易发达。在市内，股票公司、顾问公司和会计师等财经机构，多如雨后春笋，各大企业、银行的总办事处都设在这里。著名的多伦多股票交易所在北美各交易所中位居第三。多伦多跟世界各地的

第一章
Orientation to Candian Business and Cultural Practices
国体、政体和行政区划

重要金融中心如伦敦、东京、纽约和罗马等一样，是创业兴家、扬名立业的地方，发展机会众多。

多伦多是一个多元种族的社会，其中华人约有近50万。当地共有五条唐人街，每逢周末置身其间，感觉跟在旺角逛街差不多，香港流行的新玩意、食品和话题，在多伦多的华人中一点也不觉陌生。

多伦多附近拥有加国最大的野生动物园、18世纪的皇家军事学院、富有欧洲浪漫风情和蜜月胜地的维多利亚小镇和具有独特酿制技术的法国酒厂。此外，还有最著名的尼亚加拉大瀑布。

温莎（Windsor）——南方门户＋汽车城市

温莎位于安大略省大湖半岛西南端，底特律河东岸，与美国汽车城底特律隔河相望。是加拿大最南部的城市。市区人口19万多，包括郊区在内共有64万多。18世纪初法国人在此定居。1892年建市。

温莎交通便利，有加拿大"南方门户"之誉。河港延伸8千米，通过跨河大桥、隧道和轮渡，连接加、美两国公路和铁路。这里是加拿大汽车工业的发祥地，以制造汽车发动机、零部件和汽车装配著名。此外还有化学、制药、食品、玻璃、纺织、电器、有色金属加工等工业部门。

哈密尔顿（Hamilton）——钢铁城市

哈密尔顿位于安大略省东南部，人口31万多。包括郊区人口54万。1778年有移民定居，1846年建市。

哈密尔顿是加拿大钢铁工业的中心，钢产量占全国一半以上。1895年加拿大的第一座高炉在此建成。以钢铁工业为基础的机械、汽车、电器等工业发达。哈密尔顿与中国安徽省著名钢城马鞍山市是友好城市。

哈密尔顿是加拿大第九大城市，距离多伦多约1小时车程，市郊盛产桃、葡萄、樱桃等水果。城市附近有野生动物禁猎区。

面积最大的法国文化中心——魁北克省（Quebec）

  魁北克省在加拿大10个省中面积最大，总面积154万多平方公里。魁北克省人口约680万人，80%人为法国后裔。由于历史的原因，魁北克在文化上显示着自己的重大特色——法国文化占统治地位。它是北美地区的法国文化中心，法语为省官方语言。

  魁北克的工业以劳动密集型和建立在天然原料基础上的部门为主，纸浆、造纸工业最为突出，食品、纺织、炼铝、飞机、运输机械等亦毫不逊色。蒙特利尔、魁北克、三河城、舍布鲁克、贝科莫等构成了全国最重要的制造业中心。

魁北克（Quebec City）——最古老的文化名城

  魁北克省首府魁北克位于圣劳伦斯河沿岸，城市建在狭长的高地上，扼守进入北美大陆的门户，故有"北美直布罗陀"之誉。目前有造纸、木材、皮革、造船、纺织、食品、印刷等工业部门。

  魁北克市区面积89平方公里，人口16万多，94%的居民为法裔。大市区包括周围30多个城镇，面积900多平方公里，人口约60万。这里原为印第安人居留地，1608年法国人建立永久定居地，1832年建市。

第一章
Orientation to Candian Business and Cultural Practices
国体、政体和行政区划

魁北克是加拿大历史最悠久的城市。魁北克的名字起源于更早生活在这里的土著人的"KEBEC",意思是"河流狭窄的地方"。

魁北克是北美洲所有城市中惟一被联合国教科文组织列入世界遗迹保存名单的城市。古代遗址上的铜炮、城墙、军事堡垒等防御工事和作战武器被完好地保存下来,和谐地融入城市建筑群中,流露出一种特有的历史韵味。走在鹅卵石铺成的旧魁北克城街道上,观赏着始建于17世纪的古老教堂和城堡,一种置身于历史的感觉会油然而生。

蒙特利尔(Montreal)——北美小巴黎

蒙特利尔位于渥太华河与圣劳伦斯河汇合口以下,西距首都渥太华195公里。它是加拿大第二大城市和海港,也是世界上第二大的法语城市,是加拿大著名的工商业和金融业中心。

蒙特利尔市区面积160平方公里,人口101万多。蒙特利尔大市区的人口占魁北克全省半数,居民中法裔约占2/3,素以保持法语和法兰西文化而自豪,是除法国巴黎以外的世界最大的法语城市,故有"小巴黎"之誉。

蒙特利尔是全国铁路、航空总站所在地。加拿大国家铁路和太平洋铁路在此交汇,10多条高速公路辐射各地。多尔瓦勒和米拉贝勒机场为世界著名大型机场。

这里还是世界著名的小麦输出港。现代化的港口总共有140个大大小小的码头。公司总部有庞巴迪、CAE、加拿大航空公司、加拿大国家铁路公司等。国际民航组织总部也在蒙特利尔市区。这里设有全国最大的蒙特利尔银行等金融机构的总部和股票交易所。

蒙特利尔工业产值居全国第一位,拥有工厂企业几千家,服装、制烟、食品、纺织、木材等传统工业占重要地位,钢铁、机车、机械、化学、飞机、电器等部门亦很先进发达。

白求恩工作过的皇家维多利亚医院、蒙特利尔美术馆都在这里。在白求恩广场可看到矗立在那里的中国人民赠送给加拿大的汉白玉白求恩雕像。

魁北克概况

首府市中心人口：约69万

加入加拿大联邦的时间：1867年7月1日

人口：760万

人口密度：每平方公里约5.4人

人口增长率：2.8%

预期寿命

男性：75岁　　女性：81岁

城镇人口比率：78.4%

官方语言：82.8%讲法语　　10.8%讲英语

出生率：10.1

死亡率：7.4

总面积：1,357,812平方公里

绿地面积：940,000平方公里

平均气温		
夏季	（6～8月）	21℃
秋季	（9～11月）	13℃
冬季	（12～2月）	−10℃
春季	（3～5月）	13℃

机场指南	
城　　市	机场代码
蒙特利尔——多瓦尔	YUL
蒙特利尔——米娜贝尔	YMX
魁北克城	YQB

第一章

Orientation to Candian Business and Cultural Practices

国体、政体和行政区划

魁北克会独立吗?

魁北克会不会独立,是所有关心赴加拿大发展的企业家关心的问题。我们需要对此有正确的解读和客观的判断。笔者根据长期在加拿大的生活经验和对加拿大政坛的了解,提出粗浅的个人看法。

中华民族经过五千年的发展融合,形成了相对统一而独特的中华文化,其中最重要的一点就是我们不容忍中国的一部分被分裂出去。因此,关心魁北克是否独立还带有我们中华文化的感情色彩。

2006年11月22日加拿大总理史蒂芬·哈珀在国会表示,他愿意承认操法语的魁北克省为加拿大的"国中国",要求加拿大众议院"同意魁北克人在一个统一的加拿大之下建立国家(nation)"。此举在加拿大政坛乃至世界政坛引起轩然大波,也引起与加拿大友好的中国人民的关切。

哈珀称:"对于'魁北克人党'来说,'nation'就意味着独立。魁北克人的团结、勇气和先见,在推动加拿大的发展过程中起着历史性的作用,建设一个自信的魁北克、一个独立的魁北克是值得骄傲的,并且可以促进一个强大的统一的加拿大的团结。让魁北克人在一个统一的加拿大之下建立国家吗?回答是可以的。让魁北克人建立一个独立于加拿大之外的国家吗?回答是不可以,而且永远不可以。"

以上的中文翻译似乎矛盾,请看他的英文原文:"Do Quebecers form a nation within a united Canada? The answer is yes." Harper told a chering House of Commons to numerous standing ovations. "Do Quebecers form an independent nation? The answer is no —— and it will always be no."

政治家喜欢使用一些词意容易混淆的文字来表达和达到自己的政治诉求。但是民众还是会回到原本去探询问题的实质。在以上的表述中,引起争议的是一个非常普通的词:Nifion。有些人理解为"国家",比如说"United Nations"(联合国),有些人理解为"民族"。那在加拿大怎么理解这个词呢?

加拿大是移民国家,多元文化是加拿大的重要国策,也是构成加拿大国家的基础。从1867年建国开始,来自英国、法国等世界的人民共同建设、共同拥有这个国家。在所有的民族中,有一个独特而十分重要的民族,被称为"FIRST NATION"(第一民族),这就是已经在北美块土地上生存了数万年的印第安人。据考证,北美印第安人是两万年前从相邻的亚洲东北部穿过白令海峡来到北美定居的。我的印第安朋友经常对我说,我们是上万年的亲戚和兄弟啊。

"第一民族"是印第安人民应得的一种荣誉。可是有了"第一民族",那有"第二"、"第三"吗?答案是没有的。加拿大是一个种族平等的多元文化的国家。在多元文化的背景下,各个民族争奇斗艳,协调发展。但也存在着利益之间的矛盾平衡。在统一的联邦国家内各个省、各个民族都在为自己多争取一些利益和权利。但这种利益诉求经常为被政治家利用为一种取得更多选票的工具。广大的魁北克人民当然希望在联邦内拥有更多的权利,但要去建立一个独立的"国家",则是一些政治家的考虑。

魁北克分别在1980年和1995年两次举行公投。我在加拿大亲身经历了1995年的公投。当时我作为加拿大渥太华大学中国学生会主席正在出席加拿大国际教育会议(Canadian Bureau of International Eduction)。公投的题目是"Sovereignty? Yes or No",当时很多的中文翻译是"独立?或不独立?"在第二次公投中,拥护联邦派以微弱优势获胜。在公投后,我征求了许多投票赞成"YES"的魁北克法裔朋友的意见,他们告诉我,联邦内的SOVEREIGNTY,既是高度的自治,应该是件好事,如果提出"INDEPENDENCE",独立的国家的话,他们就不同意了。因此,当时也是政治家玩的政治游戏。

本届加拿大议会是由未在国会超过半数的保守党执政,魁北克人党拥有加拿大议会25%的席位。因此总理哈伯为了争取魁北克人党在国会中对他的支持,在本届国会中作出的妥协,象征意义大于实际意义。

魁北克仍然为争取魁北克更多的权利而努力,也会影响到魁北克的移民政策等,这将对魁北克有好处。因此,在可预见的未来,魁北克独立于联邦之外的可能性不大。因为谁都知道,分开以后带来的痛苦比能带来的欢乐要多。

第一章

国体、政体和行政区划

新崛起的西部——草原三省

草原三省指的是阿尔伯塔（Alberta）、萨斯喀彻温（Saskatchewan）和曼尼托巴省（Manitoba）。该区最大的特征是拥有可以充分发展的区域。覆盖着绿草和金色谷物的波状平原，以及平原下蕴藏着的丰富矿物资源，使草原三省具有了很大的潜在经济实力。

阿尔伯塔以野牛和石油产品闻名。全省面积约65万平方公里，按地形景观划分，可分为四区：西南的洛矶山脉，东南部的大草原，中部的森林和平原，以及北部一大片渺无人迹的荒地。近年来随着石油价格的攀升，阿尔伯塔蕴藏的油砂资源显示出巨大的价值，来自美国和世界各地投资商纷纷拥向阿尔伯塔，我国的中石油、中石化等中资企业也在此投资。阿尔伯塔是加拿大经济增长最快的省份之一。

萨斯喀彻温的特色是地形平坦而广阔，在莎省广大的平原上，大小河流、湖泊和沼泽星罗棋布，夏季炎热潮湿。

曼尼托巴位于加拿大的中心，跟莎省一样，主要的地形属平原，所不同的是，曼尼托巴省内大小湖泊繁多，合计共38500个，其中以温尼泊湖最大，为世界第十三大湖。

草原三省由于地势平缓和气候的优势，有利于小麦生长和农业产业化，草原三省盛产小麦，被誉为是世界的"面包篮子"，加拿大是世界上最大的小麦出口国，中国是进口加拿大小麦最多的国家。

萨斯喀彻温省概况

首府：里贾纳（Regina）

首府市中心人口：约20万

加入加拿大联邦的时间：1905年9月1日

人口：100.33万

人口密度：每平方公里约1.8人

人口增长率：3.7%

预期寿命：

男性：75岁　　**女性**：82岁

城镇人口比率：63.3%

官方语言：94.3%讲英语

出生率：12.4

死亡率：8.6

总面积：651,900平方公里

绿地面积：178,000平方公里

平均气温		
夏季	（6～8月）	25℃
秋季	（9～11月）	10℃
冬季	（12～2月）	-8℃
春季	（3～5月）	9℃

　　草原的夏天通常是温暖而干燥的。总体说来，萨斯喀彻温省的夏季的日照很长。这里的冬季大约在11月开始，充足的阳光使得冬季的温度也很温和，但大多数时间气温在零摄氏度以下。从4月份开始，春天又回到萨斯喀彻温。

机场指南	
城　市	机场代码
里嘉纳	YQR
蒙特利尔	YXE

YQR里贾纳机场（Regina Airport）

　　距里嘉纳西约6.5公里，从市中心驱车约需10分钟，乘计程车约需9加元，有高级轿车服务。

YXE萨斯卡通机场（Saskatoon Airoprt）

　　离市中心约10分钟车程，计程车约需9加元。

第一章

Orientation to Candian Business and Cultural Practices
国体、政体和行政区划

埃德蒙顿（Edmonton）——北方门户＋农牧产品集散地

阿尔伯塔省省会埃德蒙顿位于北萨斯喀彻温河两岸，是北美洲最北的大城，是阿尔伯塔省的首府，也是该省的第二大城市（仅次于卡尔加里），市区人口46万。

1904年建市。该市经济以农业和石油工业为基础。这里还是农牧产品集散和加工中心，有面粉、屠宰、肉类包装、乳品等工业部门。埃德蒙顿石油工业发达，为全国重要石油工业中心之一，有输油管通向蒙特利尔和温哥华。

埃德蒙顿为加拿大西部的交通枢纽，有铁路、公路通往西北地区、育空地区和美国的阿拉斯加，是名副其实的"北方门户"。市内街道宽阔，政府机构和服务、商业区主要集中在河北岸。河南岸有大学、图书馆、博物馆等文化设施。

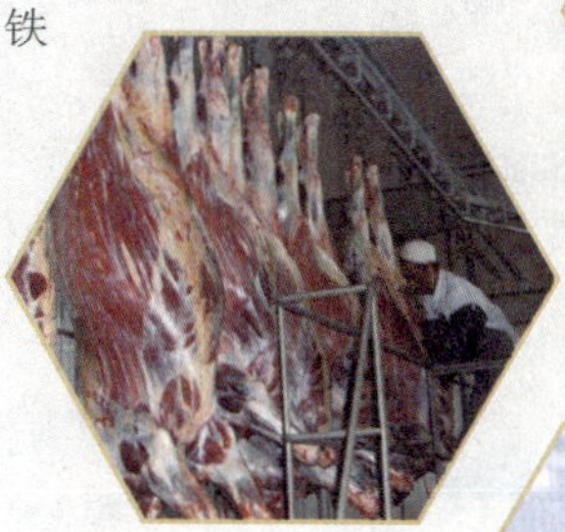

阿尔伯塔省概况

首府：埃德蒙顿（Edmonton）

首府市中心人口：约93万

加入加拿大联邦的时间：1905年9月1日

人口：334万

人口密度：每平方公里约4.6人

人口增长率：9.0%

预期寿命：

男性：76岁　女性：81岁

城镇人口比率：79.5%

官方语言：91.9%讲英语　0.1%讲法语

出生率：12.9

死亡率：5.9

总面积：661,190平方公里

绿地面积：349,000平方公里

平均气温

夏季	（6～8月）	20℃
秋季	（9～11月）	11℃
冬季	（12～2月）	-11℃
春季	（3～5月）	9℃

机场指南

城　市	机场代码
埃德蒙顿	YEG
卡加利	YYC

YYC卡加利机场（Calgary Airport）

卡加利东北约25英里，乘计程车市内约需20分钟，车费约需23～25加元。每隔30分钟有一趟机场服务车，车费15加元，单程8.5加元，往返于机场与市区之间。

YEG埃德蒙顿机场（Edmonton Airport）

到埃德蒙顿南边有18英里，出租车35分钟即到，费用约需为29加元，机场班车有30分钟一班，行程30～40分钟。

第一章
Orientation to Candian Business and Cultural Practices
国体、政体和行政区划

卡尔加里（Calgary）——新兴的世界石油中心

卡尔加里一词的意思是"清澈流动的水"。卡尔加里位于阿尔伯达省南部，洛矶山脚下，是一座新兴的石油工业城市。面积700多平方公里，人口82万，是阿尔伯达省经济、金融、和文化中心。

卡城原为农业地区，1941年这里发现了丰富的石油和天然气，从此城市得到了迅速的发展。本世纪70年代迅速崛起为世界石油中心，石油工业与日化工业非常集中。世界上众多国家包括中国的石油公司都在这里设有常驻机构，很多家的石油公司的总部就设在这里，因此卡尔加里也被称作加拿大的能源中心。

卡城四季分明，7月平均温度是22.7℃，1月平均温度是零下9℃。整个市容干净整洁，充满现代感。市内市郊有不少风景点为人们休闲娱乐提供了好去处，其中包括1988年冬季奥运会的各处场馆以及格林堡博物馆（Glenbow Museum）等。

卡尔加里多次被评为世界上最干净的城市，举办过冬奥会。当时作为赛场的室内滑冰场位于知名学府卡尔加里大学的校区内。一年一度的牛仔节是这个城市最著名的节日，每年都能吸引来自世界各地特别是美国的游客。卡尔加里火焰队是加拿大最好的冰球队之一。

温尼伯（Winnipeg）——西部门户＋最大谷物市场

曼尼托巴省省会温尼伯位于加拿大中心位置，是加拿大中部地区的重镇，距美国国境仅96公里。该市在加拿大草原诸省中首屈一指，为最大的工商业城市。

温尼伯人口61万多，包括郊区人口160万多，约占全省人口一半以上。早期为毛皮贸易中心，1870年成为省会。温尼伯与中国成都市于1988年2月结为友好城市。

温尼伯是全国最大的谷物市场，亦为重要的牲畜贸易中心，以屠宰、面粉、肉类加工和包装等为主的食品加工业发达。此外，尚有车辆、农机、酿酒、服装、毛皮、印刷等工业部门。

第二章

国体、政体和行政区划

曼尼托巴省概况

平均气温		
夏季	（6～8月）	5℃
秋季	（9～11月）	-8℃
冬季	（12～2月）	-25℃
春季	（3～5月）	-10℃

曼尼托巴省的气候以温暖而又阳光明媚的夏季和寒冷明朗的冬季为特征。7月和8月的夏季温度约为28℃，隆冬时候的白天平均温度几乎总是在零度以下的。

首府：温尼伯（Winnipeg）

首府市中心人口：约70.8万

加入加拿大联邦的时间：1970年7月15日

人口：118万

人口密度：每平方公里约2.1人

人口增长率：2.6%

预期寿命：

男性：75岁　　女性：81岁

城镇人口比率：71.8%

官方语言：89.4%讲英语　0.1%讲法语

出生率：12.9

死亡率：8.6

总面积：649,950平方公里

绿地面积：349,000平方公里

机场指南	
城　　市	机场代码
温尼伯	YWG

YWG温尼伯机场（Winnipeg Airport）

距温尼伯市区西5英里，乘计程车到市内约15分钟，花费约需12加元。每隔30分钟有城市巴士服务，时间需15分钟，花费1.55加元。

加拿大的渔业中心——大西洋沿岸诸省

加拿大的大西洋省区,包括纽芬兰(New foundland and Labrador)、爱德华王子岛(Prince Edward Island)、诺瓦·思科奇亚(Nova Scotia)和新不伦瑞克(New Brunswick)4个省。大西洋沿岸诸省是加拿大的一个独特区域。由于其地理位置,它是早期进入新大陆的门户。

这里有英国最古老的殖民地纽芬兰,有法国人最早建立的北美移民区诺瓦·思科奇亚省境内的罗耶尔港。早期经济发展主要是面向大海,丰富的鱼类资源,使其成为加拿大的渔业中心。

诺瓦·思科奇亚首府哈利法克斯是大西洋省区的政治、经济和文化中心。它具有优越的战略位置,海港的保护性良好,是世界第二大的天然不冻港。由于海港优良,夏里法斯的商业和航运业很发达。

爱德华王子岛是加拿大面积最小的省份,合共5657平方公里,人口约12万,按每公里的人口密度计算,太子岛在加拿大居首。然而,爱德华王子岛省内缺乏天然资源,农业方面,盛产薯仔。旅游业十分发达,倍受全世界儿童喜爱的加拿大作家所写的"Anne and Green Gable"就是作家以长期在爱德华王子岛生活的经历为背景写成的,这个地方每年都吸引了几十万世界各地的游客来访问。

第一章

Orientation to Candian Business and Cultural Practices

国体、政体和行政区划

纽芬兰概况

平均气温

夏季	（6～8月）	25℃
秋季	（9～11月）	10.8℃
冬季	（12～2月）	-3.3℃
春季	（3～5月）	7.4℃

纽芬兰和拉布拉多拥有两种截然不同的气候，纽芬兰岛是温暖湿润的海洋气候，拉不拉多则是相对较寒冷和干燥的大陆性气候。

机场指南

城　　市	机场代码
圣约翰斯(St. John's)	YYT
古斯湾	YYR

位于圣约翰斯东北8英里，乘出租车到达市内需15分钟，约12加元，没有定时巴士。

乘出租车到达市中心约需10分钟，车费约8加元。

首府：圣约翰斯（St.John）

首府市中心人口：约18万

加入加拿大联邦的时间：1949年3月31日

人口：51.3万

人口密度：每平方公里约1人

人口增长率：（1996～1999）-2.0%

预期寿命：

男性：75岁　女性：81岁

城镇人口比率：56.9%（1996）

官方语言：96%讲英语

出生率：9.4

死亡率：8.2

总面积：405,720平方公里

绿地面积：142,000平方公里

加拿大
Orientation to Canadian Business and Cultural Practices
商务与生活指南

爱德华王子岛概况

首府： 莎罗特城（Charlottetown）

首府市中心人口： 约3万

加入加拿大联邦的时间： 1873年7月1日

人口： 13.5万

人口密度： 每平方公里约24.4人

人口增长率： 2.5%

预期寿命：

男性： 76岁　　**女性：** 81岁

城镇人口比率： 44.2%

官方语言： 88.9%讲英语　0.1%讲法语

出生率： 11.3

死亡率： 7.7

总面积： 5,660平方公里

绿地面积： 3,000平方公里

平均气温		
夏季	（6～8月）	25/32℃
秋季	（9～11月）	8/22℃
冬季	（12～2月）	-11/-3℃
春季	（3～5月）	8/22℃

机场指南	
城　市	机场代码
东海罗特	YYG

YYG莎罗特城机场（Charlottetown Airport）莎罗特城东北5英里处，乘计程车约10分钟，约需8加元。

第一章
Orientation to Candian Business and Cultural Practices
国体、政体和行政区划

哈利法克斯（Halifax）——音乐名城＋北方卫士

诺瓦·思科奇亚省省会哈利法克斯是大西洋沿岸诸省中最大港市。人口11万多。大市区人口28万。该城位于诺瓦·思科奇亚半岛东南岸中部，战略位置十分重要。

哈利法克斯有修船、炼油、汽车装配、制材等工业部门，交通事业发达。其港口为优良的避风港，可泊各种巨轮和军舰，拥有全国最大的现代化集装箱码头。该市军事设施众多，为加拿大大西洋舰队司令部所在地和重要海军基地。

哈利法克斯市还是著名的音乐城，它突出地显示了加拿大人移民社会的特征。初次接触加拿大人，你会觉得它与美国很相似。其实不然，有时它很"英国"，有时很"巴黎"，而加拿大东海岸音乐节更表明了其纯欧洲文化的属性。

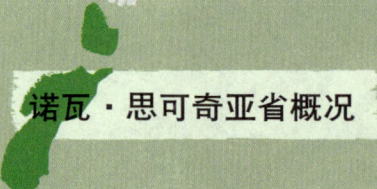

诺瓦·思可奇亚省概况

首府：哈利法克斯（Halifax）

首府市中心人口：约36万

加入加拿大联邦的时间：1867年7月1日

人口：93.6万

人口密度：每平方公里约17.8人

人口增长率：3.2%

预期寿命（1996）：

男性：75岁　女性：81岁

城镇人口比率：54.8%

官方语言：90.4%讲英语　0.2%讲法语

重要数据：（1998~1999年，每千人）

出生率：10.3

死亡率：8.8

总面积：55,490平方公里

绿地面积：41,000平方公里

平均气温		
夏季	（6~8月）	20℃
秋季	（9~11月）	10℃
冬季	（12~2月）	-13℃
春季	（3~5月）	11℃

机场指南	
城　市	机场代码
哈利法克斯	YHZ

　　YHZ哈利法克斯机场（Halifax Airport）位于哈利法克斯东北50公里（30英里）处，乘计程车进城约需35分钟，花费约35加元，机场班车每20分钟出发一次，大概须40~45分钟到城里，车费单程是12加元，往返20加元，10岁或以下儿童免费。

与世隔绝的处女地——北部区

加拿大北部区包括育空（Yukon）、西北地区（Northwest Territories）和1999年刚成立的努纳福特地区（Nunavut）。说它与世隔绝一点儿也不残酷，漫长的严冬、永久的冻土以及距加拿大人口聚居区的遥遥路途，的确使人望而生畏。近年来，随着大量矿产及能源的资源被发现，北部区逐渐吸引了各类人员居住，逐渐开始繁荣。

因纽特人和印第安人是这里的主人，动物是他们食品、衣着和商品的来源。印第安克里人住在帐篷里，用黑、红色在帐篷上绘出各种神像及梦中灵魂，将其当作神灵供奉，彩绘帐篷退色后，便将帐篷烧掉以示对神灵的敬仰。克里族男子皆梳长辫，耳戴巨大耳环，耳环下吊着精工装饰。

努纳福特概况

首府：伊卡鲁特（Iqanuit）

首府市中心人口：约4千余人

加入加拿大联邦的时间：1999年4月1日

人口：2.67万

人口密度：每平方公里约0.01人

人口增长率：8.4%

预期寿命

男性：70岁　　**女性**：76岁

城镇人口比率：25.4%

官方语言：71.4%讲因纽特语 23.6%讲英语

出生率：27.2

死亡率：4.6

总面积：2,254,402万平方公里

平均气温

夏季	（6～8月）	5℃
秋季	（9～11月）	-8℃
冬季	（12～2月）	-25℃
春季	（3～5月）	-10℃

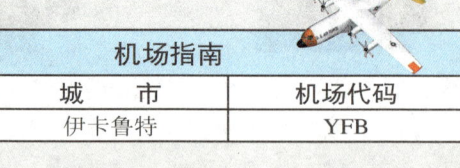

机场指南

城　市	机场代码
伊卡鲁特	YFB

离市区2英里远，乘计乘车约需5分钟。

育空领地（Yukon）——壮丽洁净的神奇世界

育空是加拿大人口最稀疏的地区之一，位于北纬60度以上的加拿大西北方，西北部与美国的阿拉斯加接壤。在这一片充满原始状态的冰雪大地上，酷寒的气候，阻绝了人们对它的过度侵扰，生态在此得以保持适当的平衡。

如今，育空生产价值不菲的黄金及其它的矿产品，但是吸引人们前来的原因已不是黄澄澄的金子，而是壮丽的山河、丰富的动植物生态、独特的原住民文化，以及神秘瑰丽的极光。

过去中国人到加拿大看极光，以黄刀镇（Yellowknife）为主要的观赏地，而育空已为最近新兴的观赏极光地区，其中以白马市（White Horse）附近的瓦森湖（Watson Lake）为最佳的观赏点，看到极光的机率较高。

白马市（Whitehorse）——激流不再 辉煌依旧

白马市这个名字源于育空河上游的急流，河水湍急，水花高似白马，故名白马急流。

整个育空河流域长约3,000公里，早期淘金拓荒者沿着育空河追逐他们的淘金梦，到白马急流后上岸。此处也是印地安原住居民每年移居狩猎的停留点。

沿途有古老的圆木教堂、圆木火车站以及著名的克伦代克河Klondike等风光。1958年政府兴建水库调节水量，白马急流从此消失了。

育空地区概况

首府： 白马（Whitehorse）

首府市中心人口： 约2万

加入加拿大联邦的时间： 1898年6月13日

人口： 3.07万

人口密度： 每平方公里约0.06人

人口增长率： -0.5%

预期寿命

男性： 71岁　　**女性：** 84岁

城镇人口比率： 60.0%

官方语言： 89.2%讲英语　0.2%讲法语

出生率： 13.9

死亡率： 4.1

总面积： 483,450平方公里

绿地面积： 242,000平方公里

平均气温		
夏季	（6～8月）	20℃
秋季	（9～11月）	11℃
冬季	（12～2月）	-11℃
春季	（3～5月）	9℃

　　道森市的气温1月份时会下降到-50℃，但是7月份时又有可能会升高到35℃。一般来讲，温度会在10℃左右，并且一年中至少有3个月是无霜的。来育空的游客应该备好帽子和太阳镜，以抵御夏季的近24小时的日照。

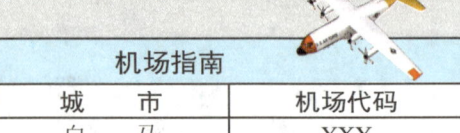

机场指南	
城　市	机场代码
白　马	YXY

YXY白马机场（Whitehorse Airport）
　　位于白马市南4英里，乘计程车到市内约10分钟的路程，车费约10～15加元，有酒店的班车服务。

黄刀镇（Yellow knife）——驯鹿家园 极光胜地

黄刀镇是加拿大西北地区的首府。黄刀镇是加拿大最北方的城市，人口大概2万人。1967年被确定为西北地区首府。

黄刀镇的发迹早在1930年代的采金业。至今，金矿业仍是这里的经济命脉，两个矿区就在市区内。这里到了冬天就会有超过40万只驯鹿由北方移居到城镇的附近。

由于黄刀镇正处于北极圈上的独特位置，在寒冷的冬夜里，因为万里无云，群星历历可以一览无余，这也就成了极光最好的表演舞台。最佳的地理位置以及最洁净的上空，这两个条件使得黄刀镇成为世界上观赏极光的最好地方。

西北地区概况

首府：耶罗乃夫（Halifax）

首府市中心人口：约1.5万

加入加拿大联邦的时间：1870年7月15日

人口：4.2万

人口密度：每平方公里约0.01人

人口增长率：-54.8%

预期寿命：

男性：70岁　　女性：76岁

城镇人口比率：42.5%

官方语言：87.1%讲英语

出生率：10.0

死亡率：3.5

总面积：1,171,918平方公里

绿地面积：615,000平方公里

平均气温		
夏季	（6～8月）	20.3℃
秋季	（9～11月）	7.2℃
冬季	（12～2月）	-19.3℃
春季	（3～5月）	7.3℃

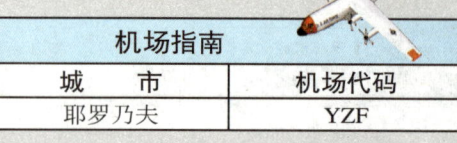

机场指南	
城　市	机场代码
耶罗乃夫	YZF

YZF耶罗乃夫机场（Yellowknife Airport）
离耶罗乃夫市西北8英里，乘计程车约20分钟，车费约12加元。酒店有班车。

第一章

Orientation to Candian Business and Cultural Practices
国体、政体和行政区划

新不伦瑞克（New Brunswick）

新不伦瑞克（New Brunswick）是加拿大东部的一个滨海省份，与诺瓦·思科齐亚省、魁北克省和美国的缅因州接壤。从地图上看，这个省几乎是长方形的，南北距离约有200英里，东西距离有150英里，三面环水。从北边起，该省的交界地依次为魁北克、雷史狄柯（Restigouche）河和夏勒（Chaleur）湾。它的东端边界全是海洋，即圣劳伦斯湾和诺森勃兰（Northumberland）海峡。南面是芬迪湾（Bay of Fundy）和契耐托（Chignecto）湾，东南角有15英里的陆上边界，那里是诺瓦·思可齐亚省和契耐托（Chignecto）地峡的接壤处。新不伦瑞克的本部边界与美国的缅因州。

新不伦瑞克的面积居加拿大滨海省份之首，达20,354平方公里。北部以山地为主，最高峰为高2,690英尺的卡尔顿山。该省内陆多为起伏的平原，其中东部相当平坦，南部比较崎岖。省内主要的河流有米拉米奇河，Croix、Saint John以及Tobique河。主要的湖泊有格兰湖。

新不伦瑞克概况

首府： 佛雷德力克敦（Fredericton）

首府市中心人口： 约4万7千人

加入加拿大联邦的时间： 1867年7月1日

人口： 72万

人口密度： 每平方公里约10.5人

人口增长率： 2.2%

预期寿命

男性： 75岁　　**女性：** 81岁

城镇人口比率： 48.8%

官方语言： 57.3%讲英语　　10.1%讲法语

出生率： 10.2

死亡率： 8.1

总面积： 73,500平方公里

绿地面积： 61,000平方公里

平均气温

夏季	（6～8月）	26℃
秋季	（9～11月）	20℃
冬季	（12～2月）	-10℃
春季	（3～5月）	12℃

夏季的时候天气会变得很温暖，而且内陆比海边要温暖。晚间的时候比较凉爽。

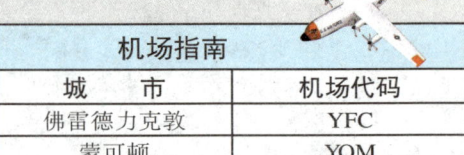

机场指南

城　　市	机场代码
佛雷德力克敦	YFC
蒙可顿	YQM

YFC佛雷德力克敦机场（Fredericton Airport）

距佛雷德力克敦东南16英里，乘计程车约需20分钟，车费约16加元。但是下榻喜来登和Lord Beaver Brook 酒店的客人有该酒店提供的班车服务。

YQM蒙可顿机场（Moncton Airport）

距城市东6英里，乘计程车进城约需15分钟，车费约12加元，机场有主要酒店为下榻的旅客提供的班车服务。

第一章

Orientation to Candian Business and Cultural Practices

国体、政体和行政区划

佛雷德力克敦（Fredericton）

  佛雷德力克敦人口约为4万多人，它坐落在迷人的圣劳伦斯河上，是新不伦瑞克省的省会城市。这座城市的商业区非常漂亮，经常有音乐会，众多的剧院和农民市场使市区显得十分有生趣，你还可以在市区进行徒步探索。富丽堂皇的市区住宅反映出维多利亚时代的遗风。这里的特色景点包括荣誉体育会堂、兵营和卫兵营房，以及约克—萨博瑞历史协会博物馆和天主教大教堂。比沃布鲁克美术馆收藏有萨尔瓦多·达利（Salvador Dali）最大的名作，那里还有世界上规模最大的Krieghoff收藏品。美术馆的对面就是剧院，那里经常上演一些戏剧和音乐剧。

  这座城市也是一座适合步行的城市。河岸边上有3英里长的铺整得很好的小路蜿蜒穿行在帆船、游艇、咖啡馆、纪念碑和各种建筑物之间。其中有一些标志性的建筑，如位于新不伦瑞克大学校园内的1828年的旧艺术大楼、市政厅、维尔摩（Wilmot）联合教堂、约克郡法院，以及旧的政府大楼等。佛雷德力克敦不远处，是国王登陆历史遗迹，这是一处19世纪的保皇派的定居点，其中包括70多座重建的建筑、工艺品、就餐处和娱乐设施等。游客可以自己套马车然后乘车游览，可以搅牛奶做黄油涂抹在刚出炉的热乎乎的面包上，充分体会自己动手的乐趣。

中加友好城市和省份

省际友好关系

黑龙江省-阿尔伯塔省，1981.9.5

吉林省-萨斯喀彻温省，1984.6.5

江苏省-安大略省，1985.11.21

河南省-马尼托巴省，1994.11.19

广东省-BC省，1955.9.7

海南省-爱德华王子岛省，2001.6.20

友好城市

苏州-维多利亚，1980.10.20

哈尔滨-埃得蒙顿，1985.12.5

广州-温哥华，1985.3.27

上海-蒙特利尔，1985.5.14

大庆-卡尔加里，1985.5.16

石家庄-萨斯卡通，1985.5.31

重庆-多伦多，1986.3.28

马鞍山-哈密尔顿，1987.10.1

珠海-苏里，1987.7.8

济南-里贾纳，1987.8.10

成都-温尼伯，1988.2.25

绵阳-金斯顿，1989.11.10

长春-温泽，1922.8.25

沧州（河北）-鲁伯特王子巷（BC），1992.9.13

本溪-布兰顿，1992.10.17

岳阳-卡斯尔加BC，1992.10.21

镇江拉克-梅冈蒂克（QUEBEC），1995.10.8

无锡-士嘉伯，1996.4.10

汕头市-圣约翰市，1997.2.28

南京市-伦敦，1997.5.7

锡林浩特市-劳埃德明斯特市，1997.6.17

吉林市-艾伯特王子市，1998.5.26

衡水市（河北）-缔尔森堡，1998.10.27

桐乡市（浙江）-韦兰市，1998.12.4

石河子市（新疆）-东贵林布瑞，1998.12.21

北京市-渥太华，1999.10.18

辽宁锦州市-三河市，1999.7.9

西安市-魁北克市，2000.8.3

深圳，广东省-圣约翰市，New Brunswick，2005.10.12签订协议

第2章

蓬勃发展的经济

加拿大是世界经济强国
是世界贸易大国
加拿大有着丰富的矿产资源
是世界能源大国
进入加拿大等于拿到了北美的通行证

Orientation to Canadian Business and Cultural Practices

加拿大
Orientation to Canadian Business and Cultural Practices
商务与生活指南

一、综述

加拿大是世界经济大国，工农业都相当发达，许多产品的产量和出口量在世界上占有突出地位。

加拿大矿产蕴藏量丰富，分布很广。储量和产量均居世界前列的有：石油、天然气、镍、金、银、铜、铀、煤、铁、铅、锌、石棉、钾盐等。

近年来，加拿大一些新兴产业蓬勃发展，尤其是电子通讯和生物制药产业，已经成为推动加国经济发展的重要力量。另外，由于近年移民尤其是亚裔移民的迅速增加，加国的房地产业一直处于快速增长状态。

加拿大还是贸易大国，北美自由贸易区的设立，使加拿大经济如虎添翼。由于美国、加拿大、墨西哥三国的经济发展，北美已成为吸引世界各地对外直接投资的磁场。世界对外直接投资尤其是矿业资本大量进入加拿大。由于加拿大独特便利的地理位置，中国经济的高速增长和北美自由贸易区的巨大市场，更加促进加拿大的经济。

近年来，随着中国经济的迅速发展，中加间经济文化交流日益频繁。中国开始实施的"走出去"、实施的"两个市场、两个资源"的战略，使越来越多的中国企业在加拿大发展。2005年4月，加拿大政府正式提出构建"太平洋门户"的战略，这一构想获得中国领导人的高度赞赏，给两国之间带来许多商机。

第二章
Orientation to Candian Business and Cultural Practices
蓬勃发展的经济

二、经济现状及分析

加拿大有丰富的矿产资源，据2004年矿藏储备统计：原油1800亿桶，天然气16730亿立方米，煤86.2亿吨，铜925万吨，镍583.2万吨，铅366万吨，锌1471.2万吨，钼12.9万吨，银1.9万吨，金0.15万吨，铀储量为36.9万吨。加拿大拥有世界最丰富的油砂储备。矿产品大部分外销，主要出口美国、日本、英国和其他欧盟国家，矿产品出口总值居世界首位。加拿大石油和天然气工业可以为北美市场再提供200年的原油。

石油和天然气主要产区是西北和育空地区的沿海一带，梅尔维尔岛以北的北极区，以及大西洋沿岸的近海油田等。煤炭主要蕴藏在西部，占全国储量的95%。已探明的铀蕴藏量约占西方国家的20%。

加拿大有丰富的电力资源，人均生产和消费的电量都居世界第三。1987年总装机容量中的57.5%是水力发电，其余是火力发电。火力发电中，41.2%靠煤炭，27.1%靠核能，18.8%靠石油，11.8%靠天然气。2003年加拿大发电5663亿千瓦时，其中64%为水力发电。主要核电厂有布鲁斯核电站，装机容量为6400兆瓦；皮克林核电站装机容量为4300兆瓦；达林敦核电站装机容量3600兆瓦。

此外，利用潮汐能、风能、光电太阳能、海洋热能、海涛能、地热能等发电都在积极研究之中。

加拿大的现代农业相当发达。加拿大可耕地面积占全国土地面积的12%。农业用地面积占全国土地面积的7%，约7000万公顷。

行业和地域分布

加拿大的农产品和矿产品资源丰富。加拿大是世界农产品和矿产品的主要生产国和出口国，矿产品出口总值则居世界第一位。

加拿大原油储备居世界第二位，已经超过了伊拉克和伊朗，仅次于沙特阿拉伯，加拿大是世界第三大天然气生产国，第九位原油生产国。

加拿大森林资源丰富，覆盖率高，森林面积占国土总面积的35%，仅次于巴西，而林产品却居世界首位。同时，加拿大又是世界主要渔业出口国，仅次于挪威和日本。

近年来，加拿大机械制造业、高科技产业发展迅猛，主要部门为汽车、飞机、铁路车辆、以及其它运输工具的制造。目前，加工业产值已占全国工农业总产值的2/3以上。

土地和矿产资源

加拿大是世界上主要的矿产品生产和出口国之一，矿产品产值居世界第三位，仅次于美国和俄罗斯。目前加拿大境内有近300种金属和非金属矿藏，其中约有60种具商业开采价值。加拿大是世界上最大的锌、钾碱、铀的生产国；硫磺、石棉、镉和镍的产量居世界第二位；占世界产量第三位的有铝、石膏、铜、铂合金、钛；在世界排名第四位的矿产品有钴、金和钼。

能源

加拿大地域广袤，自然资源丰富。传统能源的生产及贸易在其国民经济中占有举足轻重的位置。

加拿大3/4的能源来自石油、天然气和煤。加拿大是世界上第九大产油国，石油自给有余。加拿大是世界第三大天然气生产国，居美国和俄罗斯之后。2003年天然气产量达到1.673亿立方米，其中阿尔伯塔省的产量占83%、不列颠哥伦比亚省占12%、萨斯喀彻温省占4%。石油和天然气的产量虽然在逐步增加，但从业人员的数量在近6年中却减少了15%。

煤曾经是加拿大的主要能源，至1945年，煤仍占全部能源的一半以上。50年代以来，石油、天然气和水电逐渐成为加拿大主要的能源。目前加拿大三分之二的能源来自石油和天然气，煤只占11%。

1998年加拿大发电量居世界第三位，仅在美国和日本之后。在电力能源中，以水力发电为主，占全国发电总量的61%，其次是以煤或石油为燃料的火力发电和以铀为原料的核电。

· 原油

据加拿大国家能源委员会的最新数字，截止2000年底，加拿大已探明的常规原油和油沙（含沥青原油）的储量为285亿立方米。其中常规轻、重原油的储量为7亿立方米，油沙（含沥青原油）278亿立方米，按现有技术和产量足可以供加拿大开采约700年！

加拿大一直是汽油产品的净出口国，出口产品有机动车用油以及中间蒸馏体。美国继续保持最大汽油买主的地位，占加拿大汽油产品总出口量的95%。

第二章

Orientation to Candian Business and Cultural Practices

蓬勃发展的经济

· 天然气

据加拿大国家能源委员的数字，截止2000年底，加拿大已探明的可销售天然气储量为16220亿立方米。加拿大天然气净出口市场持续增长，其中有相当一部分是出口天然气的再进口，出口到美国中西部又进口回安大略省南部。

美国中西部仍是加拿大丙烷和丁烷的最大市场，占总出口量的70%。其余的小额数量出口到美国的东、西海岸。

· 中加石油合作

加拿大在石油和天然气领域具有丰富的专业知识，加拿大石油天然气设备产业能够为石油天然气勘探和开发提供各种机械与设备。

加拿大铺设的油气管道（包括50多万公里的地下油气管道）堪称世界最大的基础建设管道网络，承担原油、天然气、液化天然气及各种精细石油产品的运输。

加拿大政府和加拿大能源行业一直致力于与中国的合作，通过高效率、低成本的重环保的方式满足中国的能源需求。加拿大国际开发署（CIDA）还通过一系列的能源项目支持中国的能源工业，如：建筑节能、水坝管理、安全评估、石油天然气技术转让计划、中国南部能源战略规划以及塔里木盆地资源的可持续发展等等。

中国国家石油总公司（CNPC）和阿尔伯塔省政府还合作设立了CNPC-阿尔伯塔石油中心（CAPC）。CAPC致力于推进中加两国间先进石油科技的发展和转让以及中国和阿尔伯特公司间的贸易发展。

在2005年年初发表的中加两国《21世纪能源合作声明》中，石油天然气、核能、能效和清洁能源（包括可再生能源）为双方合作的优先领域。

电子通讯

信息和通讯设备制造业（ICT产业），包括录音机、收音机、电视机、有线电视传播、计算机和软件、电话、传真机、电子通讯设备的制造和服务等，是加拿大经济中增长最快的部门。

制造业

加拿大统计局认定的制造业主要有22个部门，包括汽车、飞机、机械、电子、橡胶、化工、纺织与服装、烟草、食品与饮料等制造行业。加拿大传统的制造业是造纸业，后来是汽车制造业和石化工业。

2005年加拿大石油和煤炭业超常发展已经超过化学工业。

- **汽车及零配件工业**

汽车及其零部件的生产是加拿大制造业的主要部门。汽车工业在加拿大制造业乃至整个国民经济中占有重要地位。在安大略省温泽的加拿大克莱斯勒公司是全国最大的专门生产公共汽车的企业。

- **塑料及合成树脂业**

加拿大生产全世界塑料产品的2.1%。塑料行业对全国国内生产总值的贡献为0.5%。不过，塑料产品的科技含量在不断提高，使用塑料替代其他材料，不仅能降低成本、改进产品效能，还能对环保做贡献。如在汽车上用塑料零部件代替金属零部件，可减轻车辆自重、节省汽油、减少废气排放。

- **家具制造业**

家具制造业是加拿大的传统行业，这要依赖于充足的木材供应和巨大的市场需求。2003年前加拿大的家具出口突飞猛进，2002年达到了21.5亿加元，但2003年以后，出口

第二章
Orientation to Candian Business and Cultural Practices
蓬勃发展的经济

开始下降,2004年出口仅有18.6亿加元。2003年中国产品占加拿大进口份额的35.6%,中国已经成为加拿大最大的家具进口国。

初级产业

初级产业包括农牧业、林业、渔猎业、矿业和油气开采等行业,其产品直接来自大自然。

·农牧业

加拿大农业高度发达,是世界上最大的粮食生产国和出口国之一。农业产值占国民生产总值的8%。耕地面积近7000公顷,约占全国土地面积的7%。

农产品以小麦、大麦、燕麦、玉米等谷物为主,此外还有油菜、亚麻、马铃薯、甜菜、向日葵、烟草、蔬菜和水果等。

农业生产机械化程度很高,农业生产率也很高。农民平均每人的耕种面积达43公顷,产量100多吨。谷物产区主要分布在曼尼托巴、萨斯喀彻温和阿尔伯塔三省,这一地区有"加拿大的面包篮子"和"世界粮仓"之称。

加拿大农产品市场高度国际化,农场主们主要根据国际市场的行情和国内农业政策来确定种植作物的品种和面积。

加拿大的畜牧业很发达,安大略和魁北克两省是加拿大乳制品主要基地,集中了全国70%的奶牛。

• 林业

加拿大是一个多森林国家，有165种树，树木品种之多、之茂盛，都是世界公认的，大多数的森林保持原始状态。加拿大林业主要包括木材工业和造纸工业两大部门。木材产量仅次于美国和俄罗斯，居世界第三位。造纸工业在全国制造业中低于汽车和食品工业，居第三位。新闻纸产量居世界第一位。纸浆产量仅次于美国，居世界第二位。

· 狩猎和渔业

狩猎业主要是猎取、加工和出售动物的毛皮。传统的狩猎方式因难以适应市场的需求和狩猎人生活方式的改变，在狩猎业中的重要性在逐步下降。现在有许多种毛皮是有养殖场提供的。

加拿大渔业的95%属于近海捕捞，渔业生产有两个特点：一是产品加工率高，95%的鱼类被加工成食品出售。二是出口率高，加拿大渔业一直是出口型的，以国际市场为导向，70年代一度成为世界渔业出口大国。渔业产品主要出口美国（60%）、日本（20%）和西欧国家（15%）。

加拿大有24万多公里长的海岸线和众多的河湖水系，渔业资源丰富，渔业发达。全国渔场分东部沿海、西部沿海、哈得逊湾和内陆河湖四大区，面积达50多万平方公里。纽芬兰东南沿海是世界三大著名渔场之一，其鱼产量占全国的85%。

加拿大的海产品出口仅次于挪威和日本，居世界第三位。

第二章
Orientation to Candian Business and Cultural Practices
蓬勃发展的经济

进出口贸易

加拿大是一个典型的贸易型国家，进出口贸易在国民经济中占有极为重要的地位。1989年的《加美自由贸易协定》和1994年生效的《北美自由贸易协定》更加强了加拿大与世界各国的经济往来。

在《北美自由贸易协定》生效后的五年内，加拿大与美国和墨西哥的贸易额分别增长了80%和100%。1999年加拿大进出口贸易所占国内生产总值的比例分别为40.4%和43.2%。

加拿大对美国的经济意义是不容忽视的。1999年加拿大进出口贸易额占国内生产总值的83%，主要是出口汽车及零部件、机械设备、高技术产品、小麦、石油、天然气、矿产品和林业品等，主要进口机械设备、汽车、工业原料、石油产品、各种制成品和食品等。

太平洋门户

卑诗省是加拿大西部的重要省份，地域辽阔，资源丰富，科技发达，也是加拿大距中国最近的省份，是同中国交往历史最久的省份，在中加关系发展中发挥着重要而独特的作用。

2005年初，加拿大政府提出了建设"亚洲——太平洋门户"的重要构想，计划把加拿大的西太平洋沿岸建成面向亚洲的贸易投资基地和交通运输枢纽。这一构想已得到中国官方的赞赏和支持。

加方建议设立"区域性城市网络"，将卑诗省约10个城镇与中国的城市结盟，以便深化双方的合作关系。"面对中国，不是经济上的认知，而是文化上的了解。"卑诗省坎贝尔省长预期，中加在能源、资源和旅游等领域的合作会有突破，而卑诗省近水楼台会先得月。

三、北美自由贸易区

原产地规定内容

一、从北美自由贸易协议在1994年1月1日开始生效以后，到1999年为止，区内贸易成长达97%，双边贸易则以年平均二位数比率之速度成长，至于投资方面，其会员国间之相互投资达2.470亿美元，而外国赴北美地区投资金额亦高达1.2兆美元，显见NAFTA对于北美地区贸易与投资蓬勃发展贡献巨大。

二、NAFTA对于原产地的规定为该协议中最重要的部分，其规定十分详细与严格，目的是为确保NAFTA原产地产品才能享有NAFTA优惠待遇，避免其它国家业者以转运或简单加工之方式搭便车，而影响NAFTA产品之权益；另一方面该规定亦提供会员国海关认定原产地的依据。

北美自由贸易协议（NAFTA）

NAFTA是 North American Free Trade Agreement 的简称，由美、加、墨三国组成，经过几年协商，在1994年1月生效。协议规定三个国家在15年内须排除所有贸易障碍，让这个人口3亿6千万的地区成为世界第二大的自由贸易区，仅次于欧盟的3亿7千万人口。自由贸易区内的国家，货物可以互相流通并免关税，同时亦要合力排除其它的非关税障碍，如配额、外汇管制、进口许可证、进口保证金等等。但对贸易区以外的国家，则可以维持关税及障碍。

对中国企业的意义：

近年来，中国对美国贸易顺差创新高，中美间贸易摩擦纠纷不断。而相对于长期稳定的中加关系和加拿大优良商务生活系统，使大量中国企业在加拿大设立公司，建立品牌，而后在进入美国市场，从而避免了大量的贸易摩擦。因此加拿大成为中国企业国际化，产品进入北美市场的最佳地方。

自2001年中国加入WTO以来，中国企业逐渐意识到国际化带来的商务便利。加达集团每年都帮助大量的中国企业，尤其是民营企业赴加拿大发展。

"中青旅"等国内知名品牌就是在加达集团安排下注册完成。

同时，加拿大企业在华投资发展，可以享受优惠的外商投资政策。加拿大的品牌在中国有更良好的信誉和富有想象力的空间。

第二章

Orientation to Candian Business and Cultural Practices

蓬勃发展的经济

四、加拿大投资法规解读

在加拿大投资

投资法令

加拿大于1985年通过加拿大投资法（Investment Canada Act），提供联邦政府一些基本运作的方针以协助"加拿大人"及"非加拿大人"投资者在加国进行投资及收购之事宜。

在加拿大注册公司

在加拿大，不需很多资金就可以合法地注册公司，进行商业和国际贸易活动。加拿大的公司主要有以下几种形式：独资公司、合资公司和股份有限公司等。

·独资公司（Sole Proprietorship）

独资公司是由一个人拥有的无限公司，拥有者本人和公司之间没有明确的界限，它是一种最简单的公司形式。公司的拥有人行使全部的职能，自行作出决定。享有全部的利润，缴纳全部的税款，赔偿所有的损失，承担一切风险和公司在法律上是不可分离的。所有人与公司的关系是自雇。任何由公司的经营所引起的法定责任都是公司拥有人的责任，公司或个人的全部财产都可被法定地用来清偿债务。

成立独资公司很简单，以个人或公司的形式运作，这样就可以个人或公司的名义给客户开发票了。

其实，如果只以拥有人的名义来进行运营的，则不必进行公司注册，但是拥有人必须要在当地的市政府进行登记并得到营业许可证。

·合资公司（Partnership）

合资公司是一种由两个或多个人，两个或多个股份

"加拿大人"投资者

· 1976年移民法所界定的加拿大公民或永久居民（但不包括已具有资格申请加拿大公民籍逾一年的永久居民）。

· 加拿大联邦、省或地方政府或其辖下任何单位。由加拿大人控制的公司、合伙经营、信托公司、合营企业或加拿大投资法所特别界定可予视为加拿大人控制的任何机构。至于"非加拿大人"则意指不符合上述定义之投资者。

· 在加拿大投资并无需在加拿大居住，非居住加拿大的投资人应注意加拿大投资法，本法明定外人投资之通知及审核程序。此外，在加投资尚需注意经营行为是否符合加国之反垄断法、消费者保护法、环境保护法、专利法反仿冒法等法规。

公司，信托公司等共同建立新公司来进行贸易或商业活动的公司，合作的每方都为公司提供资金、劳力、财产或技术，同时也分享公司的利润并承担损失。合资公司的存在依赖于合作的连续性，特别是在两个人的合作关系中，如果其中一人离开或宣布破产，则伙伴关系自然解体。

　　合资公司也像独资公司一样易于成立，有时，一个口头协议就已足矣。但如果资金和财产会在将来成为问题，那么还是准备一个书面的协议为好，公司利润的分配和损失的分担办法应在合资协议中加以说明。

　　另外，从事贸易、采矿或制造业以外业务的合资公司不一定要注册。简化的手续是只在当地的市政府进行登记并得到营业许可证。还有一种特殊形式的合资公司叫有限合资公司，它可以由一个或多个有限合伙人组成，和有限公司不同，公司的一部分股东不参加公司的运作，公司的股东仅以其出资额为限对公司负责。

・有限公司（Corporation）

　　有限公司是一个独立的与其组成成员（股东）有明确界限的法定实体。它是依据其股东们共同签署的特别合同中的条款而成立的，这些条款在公司的备忘录和章程里都有表述。

・股份公司

　　股份公司有以下不同于独资公司和合资公司的特点：第一是股东责任有限，通常公司的股东不对超出其股份比例的公司债务、义务负责。第二是公司存在的连续性。因为股份公司是一个独立的法定实体，所以即使股东成员有所变更，公司仍旧继续存在。此外，公司的所有权可以改变，股份的转移不会影响公司的存在或连续性。

投资限制

　　有意投资的人除了要注意适用于一般投资申请的法律外，对某些特殊的产业有一些特殊的规定或限制存在，行业包括银行业、广播业、铀矿业、报业、航空事业、渔业、沿海船务业、销售财务业及消费者贷款业等等。

　　例如加拿大的银行法对于加国银行之所有权即有限制。股东中的任何一方所有权最多不得超过10%，股东中非加拿大居民之全部所有权不得超过25%。（某些新设立的银行或外国银行设立之子公司不受此限制）。

第二章

Orientation to Candian Business and Cultural Practices

蓬勃发展的经济

个人所得税

对于想要移民到加拿大或初到加拿大的新移民来说，了解一些基本的税务常识是非常必要的。

个人税务 加拿大的个人税务年度为每年1月1日至12月31日。纳税人将个人的收入及支出列在报税表上，并按规定算出该付的税款，呈交给税务局审核。报税表必须在税务年度结束后的四个月内，也就是次年的4月30日前呈交税务局。迟交税表是要罚款的。夫妇可以选择分开或合并报税。

在填写报税表时，要把上一年度的一切个人收入，包括银行利息甚至海外收入一一列上。在加拿大有工资收入的，在每次领取薪金时，已经由雇主将这部分收入的税款代为扣除并转交给了税务局；同时，加拿大福利金计划供款和失业保险费也是雇主从薪金中代为扣除。

因此，在报税前，你的雇主会提供给你一张报税单，列明已扣除的数目以及你的净收入。应付的税款（支票）和所有相关的收据或报税单，都应附在报税表上，一同向税务局呈交。

税务局收到你的报税表后会作出评估，并且会将评估结果寄给你。如果你付了过多的税款，税务局会退还多付的税款及利息。税务局的评估结果通常在寄出报税表后4至8周内收到。如果你不满意税务局的评核，可以在90天内上诉。

所得税是按个人收入向联邦及省政府缴纳的税务。一般是由雇主从工资中代扣代缴税金。加拿大的税务采用渐进收税法，基本生活费的部分不需要交税，超出的部分分成若干段，越是在高的收入阶段税收的百分比越高。

公司税务 有限公司可以自由选择在开始经营生意后53星期内的任何一天为税务年度计结算日。以后税务结算日为每年的同一日。除有特别情形或理由，如公司控制权的改变，公司不可以改变税务年度的结算日。由于公司税务较为复杂，通常委托专业的会计师代为申报。

公司注册的注意事项

在注册公司时,要和当地的公司注册局(Registrar of Companies)或企业服务中心(Business Service Centre)取得联系。以上几种不同公司的注册手续和繁简程度也是不一样的。

首先要使公司名称获得批准,其次要填写有关的申请表。公司在注册前必须自己拟定名称,公司名称有一定的规范,不合规范的名称是不能予以注册的。然后在专门的机构进行名称索引查询。

最好不要和别人重名。尤其是有限公司,如果这个名称已经被注册使用,则你不能再用此名称。如果你一旦注册了某名称为公司名称,同样别人也不可以再用此名称注册公司,这样,你的公司名称在某种程度上受到了保护。

但有一种情况比较可怕。根据商标法,注册商标比公司名称更受到法律保护。如果别人用你注册过的公司名称注册了商标,你的公司名称被侵犯即为合法的了。为了防止这种局面出现,在注册公司名称的同时应把它作为商标加以注册。这样,你的公司名称才真正受到了保护。公司的徽标也有同样的问题,只有经过商标注册才受保护。

在省政府注册的公司办公地点必须在本省范围内,如果在加拿大的其他省份设立办公地点或分支机构,必须在其所在省份另行办理注册手续。如果是在联邦政府注册的公司,则该公司可以在全加拿大范围内设立分支机构。

公司注册必须有办公地点。如果还没有租赁办公地点,暂时借用其他人的地址也是可以的,但工作运行后地址需要做变更登记。

公司注册后,将与政府之间有阶段性的业务报表。税务视公司运行及收入情况而定。如果呈亏损状况,其亏损额可以由后续几年内的盈利抵销,以降低后续年分的税务。公司在初期阶段,政府为了培植企业发展,根据公司拥有者的人数,可减免相当数量的税务。

以上说的是加拿大公民和永久居民到加拿大以后注册公司的情况。下面我们再看看中国公民(没有加拿大永久居民身份的人)怎样在加拿大注册公司。其要求及过程与以上内容大同小异。

按加拿大公司法规定,外国人在加拿大注册企业,其董事会成员的半数以上必须是加拿大公民或永久居民。因此,其他国家的公民在加拿大注册企业应该挂名至少一半的加拿大公民或永久居民作为董事会成员。董事会成员不见得一定是公司的股份拥有者。至于公司内部的工作安排及工资情况,主要取决于内部协商。

Orientation to Candian Business and Cultural Practices
蓬勃发展的经济

有限公司注册

要注册一间有限公司（limited company），一般都是根据省政府的公司法，在省内注册。如果该公司会在其他省份开设办事处或处理业务，在那些省份也要做登记手续。

注册的手续，首先是选择一个可以注册的公司名字。条件是不可以和已经注册的公司的名字相近或相同，也不可使人误会这公司和政府或皇室有任何关系。应注意事项除了选择公司的名字，注册成立有限公司还必须注意以下事项：

1. 公司股东的姓名、地址、各占股份多少。
2. 股份可以分不同种类，例如有些股份可以有优先分利而无投票权，以适应某些单纯想投资入该公司而不打算参与任何股东决策的人。另外，股份的分类和结算也可以和税务有关，所以在决定之前最好先和一位会计师研究一下。
3. 公司董事的人数和居住地址。按阜斯省法例，超过一半的董事必须是加拿大的居民，而其中起码要有一位是本省的居民。
4. 阜斯省的公司必须有一董事长（president）和一秘书（secretary）。董事长必须是董事之一，但秘书却不必是董事。如果公司只有一位股东，可以由一个人兼任董事长和秘书，否则必须由两人担任。
5. 公司的注册收件处（registered and records office），一般都是用律师的办公室。原因是如果有官司牵涉到该公司的话，告票用挂号寄到该公司的注册收件处，便在法律上算是已经通知该公司，即使没有人收信，也算是收到的了。如果用律师楼，便有律师立刻与你联络和替你采取适当的行动去保证你公司的利益。

五、中加经贸往来

加拿大与中国的经贸关系在两国建交之前就开始了，20世纪60年代初的中加小麦贸易打开了两国政府间的贸易渠道，成为中加建交的经济基础和推动力。

中加建交为两国长期稳定的经济关系铺平了道路。两国之间签订了一系列贸易协定：

1973年签订两国贸易互享最惠国待遇协定；
1974年签订两国纺织品协定；
1979年签订中加经济合作协议；
1983年签订中加发展合作协定；
1984年签订中加投资保护协定；
1996年签订中加避免双重征税协定。

中加贸易稳步增长，1991～1997年两国贸易额增长了一倍多。1997年中加贸易总额为87亿加元（不包括港台地区），1999年为115亿加元，2002年达到199亿加元。加拿大进口中国产品同样呈迅速增长之势，1997～1998年增长了20.6%，1998～1999年增长了16.5%；同期，加拿大对中国出口也分别增长了3.7%和5%。

2002年中国取代日本成为加拿大的第二大进口国，加拿大从中国的进口值约160亿加元，比2001年增长了25.6%，占加拿大全部进口额的4.6%。加拿大对华出口从1999年的27亿加元上升为2002年的40亿加元。2002年，中国大陆位居美国、日本之后，已经成为加拿大第三大贸易伙伴；位居美国、日本和英国之后，成为加拿大第四大出口市场。同年，加拿大在中国进口贸易中列第15位，在出口贸易中居第13位。

2002年加拿大出口中国最多的四种商品是纸浆、汽车零部件、化肥和生物化学制品，占加拿大对华出口值的46%。加拿大出口中国的其他商品（1000万加元以上的）还有动物产品（包括肉、鱼、乳、蛋等）、谷物、油脂（各种动植物油和精致食用油）、矿产品、化工品、塑料制品、木材和木制品、化学纤维、陶瓷、机电设备和零件、车辆、通讯设备、光学和医疗设备等。

加拿大进口中国的主要商品是机电产品、化工产品、玩具、塑料制品、皮革箱包、纺织品、灯具、钢铁制品等，一些高附加值的商品如家电和计算机设备等的比例在逐渐提高。

在外商对华投资中，加拿大占第12位。2002年中国在加拿大投资2.24亿加元。中国在加拿大兴建的贸易和非贸易企业有100多个，涉及领域主要有资源开发、交通运输、建筑承包、

第二章

Orientation to Candian Business and Cultural Practices
蓬勃发展的经济

餐饮服务等,主要分布在不列颠哥伦比亚省、阿尔伯塔省、安大略省和魁北克省,其中绝大部分在温哥华和多伦多市。

中加两国政府在贷款领域的合作也很顺利,1986~1997年,加拿大政府向中国提供四期总额为21.3亿加元的优惠组合贷款,用于能源、交通、通讯、化工、造纸等项目。其中政府贷款占30%,出口信贷占70%。这些贷款提高了加拿大这些行业在中国市场的竞争力,促进了加拿大对华出口。

1997年4月中加两国又签订了第五期政府贷款协议。为促进对华贸易关系,加拿大政府将电讯工程、环保、农业、交通运输、建材、生物科学、医疗和中小民营企业等八个方面,作为与中国合作的重点。

中加两国的合作正在走向深层次和全面发展的新时期,双方在环境、文化、海洋、扶贫、人员培训、和平利用核能等领域都开展了有效的合作。随着中国加入世界贸易组织,中加经贸关系会步入一个新的阶段。

2005年4月,加拿大政府正式提出构建"太平洋门户"的战略,这一构想获得中国领导人的高度赞赏,给两国之间带来许多商机。

企业在加拿大上市的步骤

加拿大是世界上最大的矿业资本市场。越来越多的中国资源、矿业、环保类公司选择在加拿大上市。

多伦多证券交易所简介

多伦多证券交易所简称TSX，是加拿大最大的证券交易所（加拿大共有5家证券交易券交易所之一。它成立于1852年，创立初期为合伙的组织形式，后在1878年经安大略省议会以特别法案的形式改）

进入加拿大资本市场的程序

建立公司；

会见TSX会员；

首次公开股金额为20至50万加元；明确实质性交易时机（最长不超过去18个月）；

完成承诺的实质性交易；

全面上市。

公司在提交进入申请后最多25天即可得到答复。

如何在多伦多的证券交易所上市

- 与现有的主要股东初步探讨公司目标

  搜集信息：与其他的上市公司探讨对公司的商业价值进行评估

- 组成有相关经验的顾问团队：政权律师、承销商、财务顾问、审计师、税务顾问等
- 与顾问团队紧密合作确立商务计划和目标、资金需求，以及如何把公司业绩传达给留在投资者——决定如何最大程度地发挥管理团队和董事会的作用来为上市公司作准备
- 与多伦多证券交易所赶接进行初步接触，对所适用的上市要求和时间表进行咨询协商
- 准备文件（与顾问密切合作）

公司在提交进入申请后最多25天即可得到答复。

Orientation to Candian Business and Cultural Practices
蓬勃发展的经济

企业在加拿大上市的途径

境外公司在加拿大上市通常采用下列途径：
- 直接上市
- 上市与公开招股同时进行
- 反收购（买壳/借壳上市）
- 合格交易的资本基金公司OR（多伦多证券交易所创业板（TSXV）独家提供）

直接上市

当前在经多伦多证券交易所主板（TSX）认可且实行类似上市要求的其它主板证券交易所上市的境外公司倘若能够满足多伦多证券交易所主板（TSX）的基本上市标准，则可在多伦多证券交易所主板（TSX）直接上市。然而采用这种途径上市的公司，会被施予加拿大境内证券分销要求并需提供该公司上市证券能够在多伦多证券交易所主板（TSX）实现高流通性市场的分销计划。多伦多证券交易所会协助公司筹划如何满足分销要求及实现公司上市证券的高流通性市场。

上市与公开招股同时进行

在多伦多证券交易所主板（TSX）或创业板（TSXV）上市的同时，通过发行招股书的形式公开发行证券是境外公司惯常采用的上市途径。这也是达成足够证券发行量以满足上市标准和筹集额外资本的必要方式。

招股书是一份由证券承销商分发到潜在投资者手中，内容详实且清楚披露所有与将发行证券相关的重要信息以及公司和招股信息的销售文件。招股书的内容由负责制定监管招股书和所有证券分销的管理规章的加拿大省级证券监管委员会指定。招股书中需提供的信息根据即将发行的证券性质和发行证券机构的行业类型而有所不同。鉴于招股书属于法律文件，如招股书中含有不实叙述，省级证券法赋予买人撤销已购买证券或要求证券发行人及其董事，各证券承销商和所有相关专家赔偿损失的权利。

反收购（买壳／借壳上市）

反收购（RTO）中，在多伦多证券交易所主板（TSX）或创业板（TSXV）挂牌上市的公司可成为境外公司寻求上市的工具。已上市公司可获得境外公司的全部股份，作为交换条件，境外公司也获取足够多的上市公司股份，境外公司的前股东最终获得在多伦多证券交易所主板（TSX）或创业板（TSXV）上市公司的控股权。由反收购方式组成的公司必须符合多伦多证券交易所主板（TSX）或创业板（TSXV）的基本上市要求，并依从与基本上市申请类似的审批程序。上市公司和境外公司需提供关于所收购信息的联合文件并获取证券持有人的批准。该联合文件提供的双方公司披露信息必须达至招股书披露标准。多伦多证券交易所创业板（TSXV）旗下的NEX交易市场中留存一些已不再能够满足多伦多证券交易所主板（TSX）或创业板（TSXV）的继续挂牌要求的已上市公司和已上市经营不活跃公司。

资本基金公司

资本基金公司（CPC）方案是多伦多证券交易所创业板（TSXV）为从事勘探、矿业或石油及天然气业务的境外公司或资产独家提供的上市途径。资本基金公司方案的首要步骤是新设立一家拥有丰富管理经验及除现金资源外，无其它资产的资本基金公司，通过首次公开招股（IPO）的形式在多伦多证券交易所创业板（TSXV）上市。首次公开招股过后，资本基金公司搜寻拟收购公司或资产目标，资本基金公司通过首次公开招股筹集的资金主要用于该类搜索和尽职调查程序。被收购的公司因此获得资本基金公司的资金及资本基金公司公开发售股票的收益。如此形成的公司必须满足多伦多证券交易所创业板（TSXV）的最低上市要求。在首次公开招股后的24个月内，资本基金公司必须凭借收购合适的公司或资产完成合格交易

第二章
Orientation to Candian Business and Cultural Practices
蓬勃发展的经济

（QT），该合格交易必须通过股东的过半数投票而获得小股东的批准才能进行。作为合格交易的主体的资本基金公司或境外公司需提供有关合格交易的信息报告。该报告提供的资本基金公司和接受进行合格交易的境外公司的信息披露须达到招股书披露标准。

能源矿产类企业在加拿大融资与上市

随着两国文化联系的不断增长，加中之间的经贸往来也在继续加深。越来越多的中加企业籍此良机，实现他们跨越太平洋的战略拓展。加达集团与加拿大专业的律师事务所、企业、矿业评估机构与上市机构紧密合作，进行了多个矿业、能源、环保公司的投资与咨询，加达集团引进国际矿产评估标准报告43-101评估报告，帮助众多的中国矿业公司、勘探公司进行同步融资并购上市。

加拿大
Orientation to Canadian Business and Cultural Practices
商务与生活指南

加拿大的自然资源专长

加拿大以其广阔的资源基础而被公认为全球自然资源的领导者。这个全球领导地位的基石是经验丰富的企业财务专家队伍，他们帮助处于勘探和开采等不同阶段的企业筹集资金。加拿大拥有矿业和石油天然气领域各个方面的专家，从勘探地质学家到经验丰富的开采者和运营商。此外还有一支庞大的分析师队伍，他们在对自然资源公司评价方面颇具经验。这些精英群体，集中在全球自然资源中心，如卡尔加里、温哥华和多伦多。多伦多证券交易所负责自然资源上市的地质学家满福然博士，把他们称为这个行业的"知识基础设施"。

多年以来，多伦多证券交易所主板（高级交易所）和多伦多证券交易所创业板（初级交易板）充分了解自然资源行业的需求，并为其量身定制专门服务，这些专长已为交易所带来全球范围的成功。多伦多证券交易所集团（多伦多证券交易所主板和创业板的母公司）首席执行官理查德·勒斯比特先生，在最近的一次会议上，向加拿大矿业部长阐述到：加拿大是"世界各地矿业开发和开采项目全球最佳融资市场"。

截止到2006年6月30日，在多伦多证券交易所主板或创业板上市的1223家矿业企业，当年共完成699项融资，金额达到60亿美元。这个数字，几乎是于今年同期在伦敦交易所及其二板上市的507家矿业公司的融资总额的两倍。

加拿大的专长，在于投资者和分析师的深度和多样性，在于稳定的监管结构。这些专长吸引了全球的目光，造就了多伦多证券交易所主板和创业板的成功。中国的矿业公司正在认识到在多伦多证券交易所主板或创业板为他们的成长进行

第二章

蓬勃发展的经济

融资的好处。

矿业融资　全球领先

借助多伦多证券交易所集团的强大实力，多伦多证券交易所主板和创业板与世界上任何其它交易所相比，拥有更多的上市矿业企业，并为矿业企业筹集了更多的资金。截止到2006年6月30日，在全球所有公开上市的矿业公司上，超过60%在多伦多证券交易所集团的高级和初级市场上市。2005年度的全球矿业融资，超过40%来自于这两个交易所。

正如在最近的一次会议上，勒斯比特先生向政府的部长们所述："我们最大的优势在于中小型企业，这是这个市场最有活力的部分…（他们）为我们的市场注入了特殊的活力和独有的特性，就像一个成长的熔炉"。多伦多证券交易所集团为各类矿业企业提供服务，从勘探者到大型的环球生产商。多伦多证券交易所主板有37家市值超过10亿加元的大型矿业公司。但与此同时，多伦多证券交易所集团也关注于帮助小型企业。

在2006年上半年总计60亿美元的筹资额中，多伦多证券交易所主板和创业板上市的勘探早期阶段的公司占有大约三分之一的份额。关注勘探和开采是多伦多证券交易所集团成为全球矿业融资领袖的关键所在。对矿产行业而言，小型勘探企业是这个行业生命的源泉——他们发现很多大公司发展所必需的矿体。交易所帮助矿业勘探、开采企业和生产企业在这里上市。由于加拿大拥有专业分析师队伍和熟悉交易所的经验丰富的投资者，公司将会更容易实现其二次融资的目标。

多伦多证券交易所创业板有时成为一些企业即有吸引力又很经济的阶梯，这些企业的最终目标是实现在高级市场上市。多伦多证券交易所创业板致力于协助这些企业从初级市场升级到高级市场。

与多伦多证券交易所相关的中国矿业企业

截止到2006年6月30日，多伦多证券交易所主板有13家矿业公司在中国拥有矿区，而多伦多证券交易所创业板拥有中国矿区的企业为39家。

在这些企业当中，众多的中国矿业公司发现加拿大市场能满足他们的需要。其中最大的公司当属希尔威金属矿业有限公司，该公司于1991年在多伦多股票证券交易所创业板上市。公司的创始人是冯锐先生，他移居加拿大后在一所大学攻读地质学博士学位。截止到今年8月份，该公司市值已达6.8亿加元，致力于在河南、云南和西藏进行贵金属的勘探、收购和开采业务。今年早些时候，希尔威公司获得中国河南YING白银矿的开采许可证。工厂和设备正在建设和安装中，今年投入生产。作为银矿运营的启动阶段，YING白银矿在截止到2006年6月30日的第一个财务季度实现毛利430万加元。

加拿大
Orientation to Canadian Business and Cultural Practices
商务与生活指南

希尔威公司在多伦多证券交易所创业板上市时以私募方式筹资2050万加元，去年成功升级到主板后二次融资4800万加元。其股票价格从由多伦多证券交易所创业板升级时的每股5加元攀升至2006年9月8日的每股将近14加元。

成功孕育着更多的成功。张朝阳女士是华北某私有矿业（以及房地产）公司的总裁。她认为，由于中国企业在加拿大取得的成功，对于那些拥有矿产同时在寻找融资机会的中国企业而言，多伦多证券交易所主板和创业板正成为极具吸引力的市场。张女士指出，多伦多证券交易所集团的各个交易所比世界其它交易所更具吸引力的关键，在于矿业分析师和投资者深厚的专业知识。这种知识一方面已经转化为比其它交易所更简化的上市程序，另一方面已转化为更强的创造财富的能力。

（以上数据由多伦多证交所（TSV）提供）

第二章
Orientation to Candian Business and Cultural Practices
蓬勃发展的经济

多伦多证券交易所上市的基本要求

	TSX创业板	TSX主板
管理层和董事会	· 与业务相关的经验和专业技术 · 足够的相关上市公司经验 · 两名独立董事	
公开发行股票	200名公众股东 50万股公众持有股票 至少50万加元股票由公众股东持有 至少20%的公众持股量	300名公众股东 100万股公众持有股票 至少400万加元的股票由公众股东持有（无最低股价要求）
保荐人	· 一般都要求，作为充分尽职的证据 · 经认可的经纪人/交易商出具的推荐信，对公司履行上市公司义务的能力作出评价	
财务要求	· 要求依据业务的发展成熟度而有显著不同 · 一些类别对收益和现金流量有要求，但没有收益的公司可以通过满足其它财务要求而上市	
项目要求 （资源行业类公司）	· 从早期勘探直到盈利生产阶段的企业皆可上市 · 对不同阶段制定有不同的具体要求，反映了我们对资源行业的理解	

- 必须在上市对满足以上有关要求，在上市同时筹集到的资金和发生的其它变化皆可使公司满足这些要求
- 对股票首次公开发售（IPO）和反收购（RTO）而言，要求基本相同。
- 矿业类企业融资与上市是专业性十分强的工作，要求希望上市的中国矿业类企业，充分地与专业公司了解查询，做出细致周密的安排，详情请与加达集团联系。

六、投资加拿大的优势

人才+科技+市场=利润

加拿大有许多并未被世界所知的竞争优势。如果您想抢攻竞争激烈的北美市场，加拿大的优势足可满足您的所愿。

加拿大拥有以下令人羡慕的特色

- 在西方七国中加拿大的商业运营费用最低。
- 在2003～2007全球商业环境排名预测中加拿大排名第一。
- 加拿大的总体竞争力在全球排名第三。
- 加拿大在全球成长性竞争力方面排名第八。
- 加拿大在有80个国家参加的根据支撑生产力成长因素排列的微观经济成长指标排名中名列第30。
- 只需两个步骤，3天时间，花费一个人年收入不到百分之一，就可以在加拿大开办一个企业。
- 加拿大公司在公司管理方面排名世界第一。

第二章

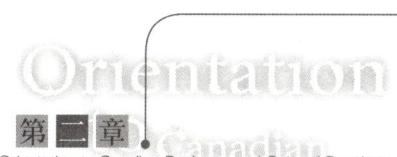

Orientation to Candian Business and Cultural Practices
蓬勃发展的经济

- 自进入二十一世纪以来，世界贸易杂志每一年都将加拿大列入投资及贸易机会最多的前三个国家。
- 加拿大人具有高教育水准，对雇主更忠诚、工作报酬更符合企业需求。
- NAFTA是整个北美地区成为拥有四亿消费者的广大市场。
- 加拿大政府了解并知道如何满足企业家的需求。

优秀的人力资源

知识工作者：25-30岁以上的加拿大人中，将近半数在大学、学院或技术学校受过高等教育，这使加拿大成为全球高等教育机构就学率最高的国家。最近一期的"全球竞争力报告"中，在发展知识工作者方面，加拿大被评为世界第一。加拿大的大学与学院均是世界一流学校。美国"固尔曼报告"所颁布的北美大学前40名，电机工程教育课程排名中有18所加拿大学校。

人力资源充沛：加拿大中等以上教育学生毕业率非常高。另外，加拿大也十分欢迎国外高学历工人，因此不像某些国家，有雇不到合格工作者的困扰。加拿大近年将移民优先权给予高技能工作者，移民素质水平较美国更高一筹。

员工忠诚度：加拿大工人不像美国工人频繁改变工作。较低的工人流动率意味着更高的利润。

雇用成本：2004年KPMG对于七国集团加上澳大利亚、冰岛、卢森堡以及荷兰等十一个国家的商业成本进行了调查。调查研究显示，加拿大技术及专业工作者的雇用成本与相应的美国工人比较要低接近20%。加拿大的整体劳动力成本也是十一个受调查的国家中最低的。

世界级团队：加拿大是组织世界性研究队伍和生产队伍速度最快的地方，尤其是会给予关键职位的雇员快速移民的许可。高科技工作者不需要取得特别的雇用证明，而关键职位的员工及其家人则只需几天时间即可取得工作签证。

合理的营运成本

加拿大的生活费较美国低许多。但更吸引人的，是在加拿大从事商业活动的成本也要比在美国低得多。加拿大的薪资一般而言比美国低，同样也体现在建筑、土地、租赁、通讯、运输、能源、甚至企业税等成本方面也较低。

2004年KPMG的调查研究显示，在接受调查的十一个遍及北美、欧洲和亚太等地区的国家中，加拿大企业成本最低。这项研究对中小企业的建立和运行成本进行了调查，行业包括航空、农业和食品生产、汽车、金属零件、化工、电子、医疗器件、制药业、塑料、精密仪器制造、远程通信、生物技术研究与开发、临床实验、产品测试、软件设计、网络和多媒体等。其调查范围涵盖面超过98个城市，而且是将美国成本最低的地点列入此调查做为比较。调查表明，加拿大的生产成本几乎比美国低了9%，而高科技产业方面就更加低了。

第二章

Orientation to Candian Business and Cultural Practices

蓬勃发展的经济

低税率

KPMG的调查结果足以显示加拿大是一个低税率的国家。

在工业七强中，加拿大政府扣缴的薪资税率是最低的。这就自然而然地降低了加拿大的整体公司税率。2004年KPMG的调查发现，加拿大对制造业的实际公司税率负担比美国低5%以上，而对研究与开发项目的税率则低到25%以上。这个结果并不是不小心写错的。加拿大所得税率在G7中约处于中间，且正在降低中。个人所得税已减少，一般而言，企业税率也比美国低。

低劳动力成本、低公司税率、低生活成本，结合一流的研发和生产能力，再加上良好的地理位置优势——坐拥世界上最诱人的北美大市场，加拿大成为许多企业家梦寐以求的置业及拓展全球市场的首选。

良好的基础建设及投资环境

针对企业所建立的经济体，虽然2003年管理发展研究中心将加拿大列为七国集团中财政管理最出色的国家——惟一一个保持财政预算盈余的国家，加拿大的国债与GDP比率已从68%下降到了42%，政府更致力于到2014年使这个比率下降到25%，但加拿大的成功之处不仅止于此。为了迎接全球化以及知识经济时代的来临，加拿大在过去十年间历经了企业变革。在加拿大审办企业所需时间是最短的，所需手续也最简捷。

·政府鼓励商业发展

加拿大政府花费的每一分钱，几乎都可令商业团体受益。加拿大政府近来投资大笔经费在全国保健体系，大幅降低了雇主的保健成本。为了鼓励企业尽量利用国家优异的大学、学院以及研究机构系统，政府提供G7中最高的研发税减免额度。任何企业如果投资一块钱在研发上，实际成本只有不到50分钱，其他由政府负担。此外，政府还发起许多优惠计划来将国内的研发能力升级，包括赠资给加拿大创新基金和加拿大基因组织。这些组织和其他研究机构正积极鼓励在加拿大的学校及医院不断进行研究。

加拿大
Orientation to Canadian Business and Cultural Practices
商务与生活指南

- **积极推进互联网建设**

加拿大人爱用网络，而政府也致力于让加拿大成为网络最发达的国家。最让加拿大自豪的是其正致力于建设的新一代超级网络：CA Net4——世界上最长、最快、最先进的光纤研究暨教育网络合作，对先进的网际网络应用，例如远程教学、远距医疗、生物资讯、虚拟实境模拟以及即时多媒体资料流通进行测试。

- **美国近在咫尺**

加拿大的20个大城市中，有17个距美国不到一个半小时车程。温哥华、温莎、蒙特利尔等大城市，只需几分钟车程即可进入美国。

在全球经济中，加拿大与美国的组合胜过任何其他经济体的配对。位于安大略和魁北克省的加拿大工业中心，比亚特兰大和洛利等美国生产重镇更接近纽约、波士顿、芝加哥等市场。此外，加拿大的货运及空运也以高效率的交货速度著称：有鉴于此，不少北美企业已经将在加拿大与美国的生产设施整合为一体。

近年来，越来越多的中国企业在加达集团等专业投资公司的帮助下，在加拿大注册公司、注册商标、建立北美分公司或办事处。一方面可以靠近终端市场取得高额利润，一方面又可以学习掌握到加拿大北美先进的管理运营模式，同时加拿大企业更为方便地去美国、中国或其它国家做生意，避免了很多贸易摩擦，如"反倾销"问题。加拿大欢迎更多的中国企业开采资源，寻求市场，融资上市。中国鼓励企业"走出去"战略。

四亿消费者的巨大市场

北美自由贸易协定指出，加拿大与美国两个经济体的合并几乎可满足各种商业需求。以加拿大为基地的制造商能够接触到4.2亿的消费者，而美加两国的全国生产毛额总计超过118,000亿美元。近年来，国际经济不景气，但加拿大国内经济继续保持上升态势。不仅国内3200万消费者具有可观的购买力，邻近美国市场的3亿消费者购买力更是庞大，而这正是那些落脚加拿大的企业之优势所在。

在美国市场中的胜负可说是取决一家公司在全球市场中的成败，而以加拿大为基地的公司一再证明了他们是赢家。

蓬勃发展的经济

七、加达集团总裁闫长明先生访谈

2005年9月5日至11日，中国国家主席胡锦涛率领大型政府商务代表团成功地对加拿大进行了国事访问，与加拿大政府领导人和商界做了深入的交流与沟通，随胡锦涛主席访问的庞大的中国企业家代表们与加拿大商界做了广泛的接触和洽谈。双方签署了多项重要合作协议，并建立了重要的战略伙伴关系。这次访问将中加两国长期友好推向新的高度，两国政府和企业界对两国间经贸发展充满期待与信心。

连日来，广大中国企业家也在认真关注着胡锦涛主席对加拿大成功访问，希望对胡锦涛主席这次访问的意义及由此产生的中加合作机遇做更详细了解，为此《中国企业报》等多家媒体专访了中国欧美同学会加拿大分会常务副会长兼秘书长、加达商务投资集团总裁闫长明先生，就胡锦涛主席成功访问加拿大和中加间经贸合作发展中中国企业家关心的新的热点向广大读者做出解读。

记者：请问闫先生，您长期从事中加间经贸交流，请您先对胡锦涛主席这次访问加拿大的意义和重要性谈谈看法。

闫长明：胡锦涛主席这次成功访问加拿大，将中加两国关系提高到了一个前所未有的历史新高度。双方在长期友好合作的坚定基础上，双方签署了全面战略合作协议，中加关系以全球战略、共同发展理念和经贸合作交流都掀开了新的篇章。

胡锦涛主席这次访问加拿大得到了加拿大政府和商界最高规格的礼遇。胡锦涛主席先后见了加拿大华裔总督克拉克森夫人（伍冰枝女士），加拿大总理保罗·马丁，加拿大外贸部长彼得森，移民部长及等多位重要部门领导并分别会见了安大略省、魁北克省省长、加中贸易理事长主席和华人团体代表，当地报纸媒体广泛报道，广大华人华侨留学生满怀热情地谈论胡锦涛主席的行程及期待着胡锦涛主席代表团取得的成果。

我本人曾做为1994、2001及2005加拿大总理商务代表团成员访问中国，参加过大大小小无数次的中加间商务活动，无疑这次规格、规模是最高的，层次和内容是最丰富的。这也从另一个方面说明，这次胡主席率领的政府商务代表团访问加拿大，对推动中加两国友好，促

进两国间商务密切合作有十分重要的意义。

记者： 请您谈谈胡锦涛主席这次访问加拿大的背景。

闫长明： 胡锦涛主席这次访问加拿大有着深刻而现实的全球背景。首先，在当今世界，全球政治经济格局发生了深刻而复杂的变化，全球经济一体化的进程不断加速，地球村的概念逐渐成为实现，国家与国家的联系和经贸合作日益密切。以中国为首的亚洲经济主导了世界经济的发展，全球经济分工明确，国与国之间的相互依存度日益增加。但是，全球经济与社会发展的不平衡性也在日益加重，部分地区冲突不断，能源、资源、环境已成为全球面临的问题，靠武力解决争端已被认为不是解决问题的良方，甚至还演变为更深层次的文化冲突，联合国的影响力和权威性受到来自各方面的挑战，世界政治从单级逐渐转向"多级"。在这种国际环境中，中国与加拿大奉行独立自主的外交政策，致力于对内发展经济，对外和平友好，经济取得了长足发展，国际地位得到了迅速提升。

尤为引人注目的是，中国与加拿大长期友好，两国关系长期稳定，双方极为珍惜多年来建立起来的友谊，这点尤其在反法西斯战争胜利60周年之际，中加两国人民之间缅怀国际主义战士，加拿大白求恩大夫支持中国人民抗日战争。在胡锦涛主席会见加拿大领导时多次提及，场面十分感人。中国加拿大两个大国间的合作关系已渐成为当今世界国与国关系的重要楷模。在这一深刻背景下，胡锦涛主席率团对加拿大的成功访问，对中加两国战略伙伴关系的确立和深入持久的文化经贸等多方交流合作，将为两国经济的共同发展有着巨大的推动作用。中加两国的友好合作也将为世界和平与稳定起到重要积极的推动力量。

记者： 胡主席这次访问，得到了加拿大政界、商界的普遍欢迎和高度赞赏，签订了一系列重要的协议，请您谈谈中加间经贸合作的情况好吗？

闫长明： 中加经贸合作问题是这次胡主席率团访问加拿大的重头戏之一。胡主席讲，中国是世界上人口最多的发展速度最快的国家，加拿大是世界上面积最大、资源最丰富的国家，两国经济有巨大的互补性，经贸合作有巨大的空间。这次双方在建立了全国建立战略合作协议的框架下，双方签订了在能源、资源、环境、金融、教育、服务业等方面重要的经贸合作协议。

随同胡锦涛主席访问加拿大代表团中除政府官员外，还有近100位中国企业家，其中包括许多中小企业和民营企业的负责人。最引人注目的是，9月10日晚胡锦涛主席应邀出席了由中加两国工商界800多人参加的"中加经贸合作论坛"并发表了重要讲话。

胡锦涛主席高度赞扬了中加企业家在两国经贸发展中起着重要作用，也为中加企业家分析并展望了两国经济合作的前景，并预示中国政府为推动两国经贸合作将有更大的支持。胡锦涛主席详细介绍了中加合作的机遇和领域。胡锦涛主席说，中加经济互补性强，中加企业家应把握住历史机遇，展开在能源、资源、环境、工业制造、服务贸易、科技及人才的交流

第二章

Orientation to Candian Business and Cultural Practices

蓬勃发展的经济

合作。胡主席期望，2010年中加贸易额从现在的150亿美元增长到300亿美元。对比改革开放初期，中加贸易额只有1亿多美元。与当年相比，应该说中加商务有了巨大的增长，但也应当看到，中加间商务合作的潜力仍然十分巨大。

加拿大地域辽阔，有丰富的资源、美丽的自然环境，加拿大连续多年被联合国评为最适于人类居住的国家。加拿大人均国土面积是中国的50倍，加拿大的镍、铜、煤等多种矿产世界前茅。中国石油、中国石化集团公司去加拿大投资石油资源已超过100多亿美元，中国五矿公司正在商谈购买加拿大矿业资源，中国宝钢集团已经开始每年从加拿大进口煤炭。加拿大在电子、通讯、医药、教育、服务等领域的技术，管理和发展理念处于世界领先地位，是中国企业家学习和合作的重要资源。

加拿大与美国、墨西哥同属北美自由贸易区，中国的企业可以自由方便的去广阔的北美市场从事商务活动。加拿大政府正在推动以温哥华地区为中心的太平洋门户（Pacific Gateway）计划，旨在提供更多的优惠吸引中国企业在加拿大设立公司，并以此为桥头堡，更加自由地从事中国与北美的贸易交流，获得更高的国际市场的利润。加拿大将世界上最大最活跃的两个资源和两个市场连接起来，因此对中国企业家来说，加拿大无疑是有着非常大的吸引力和未来发展空间。

记者：中加商贸发展令人鼓舞，我们特别注意到胡主席会见加拿大移民部长沃尔普，这对于两国人员交流是否有特殊意义？

闫长明：胡锦涛主席会见了加拿大总督、总理及国际贸易部长等加拿大重要领导人外，还单独会见了加拿大公民与移民部长沃尔普，这是在以前元首级访问中是前所未有的，确实有特殊和现实的意义。历史上华人为加拿大的建设发展做出了重要的贡献，甚至据考证最早的加拿大土著民—印第安人是2万年前从亚洲腹地的中国经白令海峡迁徙到北美洲的。如今印地安人在加拿大被尊为"First Nation 第一民族"。100年前早期华人以劳工的身份像"猪罗"一样被运到加拿大修建铁路，做最苦最累的工作。在漫长的岁月中，华人以勤奋勇敢赢得了加拿大社会的地位。加拿大奉行的多元文化政策和先进的教育制度引进了大批华人留学生来加拿大学习或移民。进入21世纪以来，随着中国经济的崛起和中国政府"走出去"战略的实施，又有许多中国企业家移民到加拿大从事商贸活动，在加拿大注册公司后，自然进入北美自由贸易协议下的自由贸易区，直接以加拿大公司身份在北美从事商贸活动，大部分中国企业家在取得国际化身份后回到中国以外资式合资公司身份做国际贸易或商贸活动，将有更大的空间和灵活性。

中国人不只是以勤劳和勇敢，更是以智慧和财富在加拿大赢得了广泛的尊敬和赞誉。许多华人在加拿大学校当教授，在公司做高管或是董事长，甚至任政府中的重要官职。这次在胡锦涛主席访问期间为加拿大政府首脑做翻译的司徒完满小姐就是我在渥太华大学读书时的

校友。中加间许多商贸是由华裔或新移民操作的，中加间许多重要的文化，科技甚至政府交流也是由华侨新移民参与促成的。

我在1992年到加拿大渥太华大学留学时，全年拿到加拿大留学签证的只有400多人，而如今每年有1万中国学生前往加拿大读书。目前，在加拿大的华人华侨约有150万人，每年大约有4万人从中国移民到加拿大，这些人移民加拿大或完成学业后，许多人从事中国与加拿大间的商贸文化交流，成为中加交流的重要力量。加拿大已成为中国企业家实施"走出去"战略最理想的地方。

最显而易见的是往返于中加两国的航班总是满员，这在全球航空业不景气的今天无疑是个奇迹，加拿大航空公司在原有北京、上海飞温哥华的每日航线上繁忙，刚开通了北京至多伦多的航线已满员。加航宣布在未来的数年内，中加间航线密度增加3倍，而在繁忙的飞行中，最多的是往返于中国新移民企业家。因此，胡主席百忙中会见加拿大移民部长，不只是一般礼节上的安排，更体现了胡锦涛主席和中国政府对加拿大中国移民的重视和关心，有利于鼓励和推动华人华侨及新移民对两国文化经贸交流做更大的贡献。

记者： 您作为经常往返于中国和加拿大间的企业家，请您以您的体会谈谈目前中加企业交流的情况，阻碍两国企业家充分交流的主要因素及如何解决？

闫长明： 我本人非常荣幸地赶上了好的历史机遇，90年代初前往加拿大渥太华大学读书，毕业后回国创业从事中加商贸合作人才交流，帮助中国企业家赴加拿大实现国际化发展。国家开放政策不断深入，从"招商引资"到"走出去"战略。

中国加入WTO进入到实质阶段，中国适时提出"两个资源、两个市场"战略，中国企业开始大批走向国际合作和国际市场。加拿大以良好的商务环境、生活环境、教育和福利制度及最为先进的多元文化政策成为中国企业家"走出去战略"的首选。许多企业家取得加拿大身份后，更加方便灵活地进行国际化操作，来往于中国与加拿大之间，企业得到了长足发展，对地方经济和招商引资起到重要推动作用。但是应该看到，语言、文化、商务环境的不熟悉，成为阻碍中加两国商贸文化交流的瓶颈。大家也可以看到，中国成为世界的制造中心以后，以国际标准制造达到国际品质的中国产品，被廉价地卖给中间商，中间商利用国际公司的便利赚取了大量中间利润和终端利润。例如1元人民币的陶瓷被在中国本土的陶瓷博览会卖出，到北美市场终端市场价格达到数元加币或美金，中间利润率高达600%（以加币计算）或800%（以美金计算）。大量的中国企业仍然是以出卖廉价的劳动力和廉价的原材料为主导。目前我们最忙最重要的工作是在帮助中国民营企业在北美建立自己的公司和品牌，取得国际化的身份和地位，进而赚取中间环节利润和接近终端市场的利润，此利润的提高不再需要消耗能源和材料，而是需要企业家的眼光和智慧，及必要的国际商务服务。这是真正中国企业"走出去"的实质，符合"可持续发展"和"两个资源、两个市场"的战略。

第二章

Orientation to Candian Business and Cultural Practices

蓬勃发展的经济

记者： 您讲的这个问题非常重要，您认为应如何解决？有什么资源能帮助这些中国企业家走向北美市场吗？

闫长明： 我们广大的华人、留学生和新移民是帮助中国企业家到加拿大发展，加拿大企业家来中国投资最大最好的资源。改革开放后赴加拿大的大陆留学生和新移民生长在中国文化环境中，在加拿大又学习掌握了北美先进的专业知识，对语言和当地商务环境有相当的了解，这些人是促进中加交流最好的桥梁。中国侨联林兆枢主席讲，华人留学生是中华民族宝贵的资源，以侨为桥，是中国经济发展的动力，也是世界经济发展的动力。我所在的中国欧美同学会加拿大分会有300多会员，全部是从加拿大学成回来的留学人员，他们在中国或加拿大从事技术、管理、行政等工作，有的在外企、民企、国企或自主创业，还有在科研单位、学校和政府机构工作，许多人常年来往于中国和加拿大之间，这些人才资源为中国企业赴加拿大发展提供了巨大的帮助和支持。在加拿大的华人、留学生也自发地组织建立了中国商会、校友会、同乡会和联谊会等，他们关心祖国，渴望在中国经济高速发展的时期找到自己的位置，贡献自己的力量。如果形象地讲一句话，加拿大丰富的华人、华侨、新移民和留学生资源将成为中国企业家赴加拿大发展的耳、鼻、喉、舌。这些资源，结合中国企业家的远见卓识和聪明智慧的大脑，中国企业和企业家即将像插上翅膀的雄鹰，飞翔在世界经济广阔的天地中。

记者： 请您能否具体谈谈中国企业家应如何把握历史机遇，充分利用中加关系当前发展带来的商机？

闫长明： 您的问题正是广大中国企业家和商务人士所关注的。几天来，我接到大量的电话、E-mail，朋友谈论最多的是胡锦涛主席这次访问加拿大所带来的商机。

事实上，众多的有远见的中国企业家已经开始与加拿大间的合作交流。我在的加拿大加达国际商务投资集团从1994年到现在，前来咨询赴加拿大的企业不断增多，从注册公司、创立品牌到投资定居，层次逐渐深入。企业从单一的进出口领域延伸到房地产、生物医药、能源矿产、多项服务业等，企业规模从百万到亿元、数十亿元不等。企业国际化不只是大企业的特权，国际化更应该是民营企业、中小企业迅速学习、了解、掌握海外商机，提升企业管理，技术产品，积极主动进入北美、国际市场的重要手段。加达集团长期以来，与加拿大和中国政府合作，帮助中国企业家赴加拿大发展，与加拿大政府、驻华使馆、商社合作，与中国各地工商联经常举办加拿大投资发展，教育生活报告会，接待加拿大各行业访华代表团，组织中国企业家赴加拿大考察访问，洽谈合作，加达集团与清华大学联合成立了"清华大学—对外加达国际化培训中心"为中国民营企业家提供"国际化"培训，加拿大前政府官员律师为中国企业家赴加拿大提供强有力的咨询和服务。在国内经常举行巡回讲座与报告会。近期又有加拿大环境代表团和加拿大魁北克省代表团来访，加达集团安排大量的中国企业与

加方洽谈合作。我们希望与广大的中国企业家合作，将更多的加拿大资讯信息，潜在合作项目介绍给中国企业家，真正起到中加交流的桥梁，为中加两国经贸合作上新的台阶贡献力量。

　　记者：从您的介绍中，我们都能感受到胡锦涛主席这次访问加拿大带来的热度，我们希望您和广大中国、加拿大企业家借胡锦涛主席访问加拿大的东风，得到较快发展。最后能否为中国企业家讲一些祝愿的话。

　　闫长明：胡锦涛主席这次成功的访问，为中加两国的经贸提供了巨大平台和发展空间，胡锦涛主席还为中加经贸发展指出了商机，并提出了要求和任务。我认为我们应很好地抓住这样一个好的历史机遇，更好地服务与中加商贸交流，与中加两国企业家共同为促进中加交流，早日实现胡主席提出的目标而努力。也希望借助媒体平台，向中加交流合作领域的企业家致敬！最后，祝愿中国企业家实现国际化发展，中加交流更密切繁荣，我们随时愿为中国企业家赴加拿大发展尽我们的力量！

第3章

系统完善的教育

加拿大是世界上教育投资最高的国家
有着众多的世界一流大学
12年免费义务教育
灵活多样的奖学金制度

Orientation to Canadian Business and Cultural Practices

一、综述

加拿大是一个教育事业发达的国家，教育设施十分先进。加拿大法律规定，教育是省政府和地方政府的职责，所以联邦政府没有教育部这一管理全国性教育的机构。加拿大的各省和地区已经建立了一套综合的、多样化的教育系统，其宗旨是使人人都能受教育，以便更好地适合加拿大社会的双语和多元文化特点的需要。

第三章
Orientation to Candian Business and Cultural Practices
系统完善的教育

二、基础教育

普遍义务教育法律规定，凡年龄在6至16岁之间的儿童和少年必须上学。

加拿大的中小学制度与中国不同，小学与初中合在一起，从一年级到九年级。

高中从十年级到十二年级或十三年级。学生毕业时可拿到中学荣誉毕业文凭，持这种文凭的中学毕业生优先进大学。

加拿大的中小学有三类，即公立学校、教会学校和私立学校。公立学校是由省政府或地方政府开办和监管的；教会学校是指罗马天主教会开办的学校；私立学校是私人资助或开办的。前两者学生均可享受到免费教育，是国家给全民的一种福利；后者是要收学费的，各校间价格差异也非常悬殊。有时也可以申请减费。

学前教育

在加拿大多数的省份和领地，都有两套政府资助的自愿性学龄前教育系统：一个是由学校委员会经营的5岁幼稚园，另一个是由省政府发放执照的托儿所。幼稚园教育属于非强制性的，但多数加拿大小孩都上幼稚园。

学前教育大致有两种形式：一是托儿所或日托中心；二是幼儿班（学前班）。

日托中心有公立和私立之分，一般是由团体和单位如教会和医院办的，个人也可以开办家庭托儿

所。但无论哪种形式的托儿机构，都要先取得政府的执照，遵守有关的法规，除场所、安全、卫生条件达到标准外，还有保育员与幼儿的人数之间不能超过一定比例。

有些日托中心除接受学前儿童外，也在假期或小学放学后，家长下班前的时间里看管小孩。因加拿大法律规定，12岁以下的孩子不许被单独留在家里，必须有成人或更大的孩子陪伴，所以一些小学内就有这样的日托中心，专门看管12岁以下的小学生。这样，托儿机构有

加拿大
Orientation to Canadian Business and Cultural Practices
商务与生活指南

接收出生18个月以上（也有接收出生6个月孩子的）至12岁的孩子。

按年龄段分组18个月到两岁半为幼儿组，老师与孩子的比例为一比五，因这一年龄组的孩子需要更多的照顾，管理部门根据每个托儿机构的情况，对招收幼儿组孩子有数量限制。但联邦和省政府对低收入家庭的托儿实行补贴，使这些家庭可以得到免费或部分免费的优待，补贴直接发放到日托机构，而不是交给低收入家庭。

许多加拿大的幼儿园也称为学前班，是小学的一部分，学前班是免费的。在公立小学内办幼儿园的尝试始于1883年的安大略省，1887年安大略省正式将幼儿园并入公立学校系统。

除爱德华王子岛和新不伦瑞克省外，其他各省的小学一般都设有学前班，许多省还要求5岁的幼儿在上小学前必须先入学前班一年。安大略省和马尼托巴省的小孩从4岁起就可以上学前班，至6岁上学时已在学前班学习两年了。

第三章

Orientation to Candian Business and Cultural Practices

系统完善的教育

初中等教育

初中等教育是义务教育，包括小学、中学（包括高中）。各省学制不尽相同，甚至同一省内不同学校之间的学制也不一样：有小学6年、初高中各3年的6-3-3学制；有小学和初中8年、高中3年的8-3学制；还有6-5学制和8-5学制。因此，从小学到高中毕业分别有11、12或13年级。

目前全国有中、小学1.6万多所，共有专职教师约30万人。

小学的基础课程有语言、阅读、写作、数学、社会研究、音乐、体育、美术等，高年级还开设职业课程、历史和外语（通常是法语，法语学校则学英语）。所谓职业课程是指生活知识和科学常识课，如了解家庭常用设备如电风扇、空调、暖气、烤箱、电炉、洗衣机、冰箱、汽车的功能、保养和清洁方法等，并练习操作。加拿大小学课程很注意直观性和实用性，学生经常有校外参观实习课，如参观农场、植物园、博物馆等。

近年来，许多省公立中小学认可少数民族语言为外语，如华裔子弟除了用英语作为教学语言外，外语课可以选学中文。

中学大多是公立学校，学制多数是六年（含初高中）。魁北克省的中学是五年制，学生如打算进大学，还要先在大学预科学校学2～3年，预科学校是收费的。

中学的课程有外语、数理化、生物、家政、工业或农业教育、体育、音乐、艺术等，许多学校还结合当地文化和经济特点选学有关课程。体育课不是简单到锻炼身体，而是通过传授具体的运动技能，如讲解篮球、足球运动的基本运动战术配合等，以提高学生的竞技水平和运动兴趣。

加拿大高中最新排行榜

英属哥伦比亚省		
学校名称	排名	所在城市
Crofton House	1	Vancouver
Little Flower Academy	1	Vancouver
St Ceorge's	1	Vancourver
York House	1	Vancouver
Southridge Senior Secondary	1	Surrey
Vancouver Clloege	1	Vancouver
West Point Grey	1	Vancouver
University Hill Secondary	8	Vancouver
Brentwood College	9	Mill Bay
St Michaels University School	10	Victoria
Meadowridge School	11	Maple Ridge Sir
Shawnigan Lake	12	Shawnigan Lake
Glenlyon-Norfolk Senior School	13	Victoria
Kelowna Christian	14	Kelowna
St Margaret's	15	Victoria

阿尔伯塔省		
学校名称	排名	所在城市
Old Scona School	1	Edmonton
Strathcona-Tweedsmuir School	1	Okotoks
Rundle College Senior High Schoo	1	Calgary
West Island College	4	Calgary
Three Hills School	5	Three Hills
Western Canada Senior High Chool	6	Calgary
Archbishop MacDonald Hight School	7	Edmonton
Springbank Community High School	7	Calgary
St.Mary's Hight School	7	Vegreville
Bearspaw Christian School & College	7	Calgary
Sir Winston Churchill High School	11	Calgary
South Central High School	11	Oyen
County Central high School	13	Vulcan
W.R.Myers High School	13	Taber
Forestburg School	13	Frestburg

安 大 略 省

学校名称	排名	所在城市
St Andrew's College	1	Aurora
Elmwood School	1	Ottawa
Branksome Hall	1	Toronto
Havergal College	1	Toronto
St Michael's Collegeg School	1	Toronto
The Academy For Gifted Children	1	Richmond Hill
Nancy Campbell Collegiate Institute	1	London
Holy Trinity School	1	Richmond Hill
Ottawa Torah Institute Federal Study Centre High School	1	Ottawa
Lakefield Collegeg School	1	Lakefield
St Mildred's-Lightbourn School	1	Oakville
St Clement's School	1	Toronto
University of Toronto Schools	1	Toronto
The Crescent School	1	Toronto

新不伦瑞克省

学校名称	排名	所在城市
McAdam High School	1	MacAdam
Blackville School	2	Blackville
Bathurst High School	2	Bathurst
Woodstock High School	4	Woodstock
Valley High School	5	Plaster ro
Upper Miramichi Regional High School	6	Boiestown
Chipman Forest Avenue School	7	Chipman
Petitcodiac Regional School	8	Petitcodiao
Moncton High School	9	Moncton
Hampton High School	10	Hampton
Bonar Law Memorial School	10	Rexton
Carleton Norty Senior High School	12	Bristol
Harrison Trimble high School	12	Moncton
Dalhousie Regional High School	12	Dalhousie
Kennebecasis Valey High School	15	Rothesay
Ner Israel Yeshiva College	1	Toronto
Redeemer Christian Private High School	1	Nepean

三、高等教育

高等教育制度简介

加拿大大学的教学和科研质量在世界上久负盛名。多数大学主要依靠公家提供经费，但无论设在何处，所有大学在各个学科上都保持着高质量。

加拿大大约有100所大学。加拿大各大学全日制学生入学人数多的可达35000人以上，少的则在1000人以下。此外，大多数大学都招收大量的非全日学生和成人进修生。

加拿大没有大学入学考试制度。进入加拿大大学本科并不难。加拿大的大学录取率很高。本地的学生只要能高中毕业，本人愿意，就几乎都能进大学。

加拿大没有高考，申请大学凭的是高中综合成绩、推荐信等材料。按照安大略省和魁北克省的教育制度，在进入大学前，必须完成大学预科课程。

加拿大的高等教育机构有两种：社区学院和大学。社区学院是对学生进行职业或技术教育的学校，大学是有权授予学位的院校。

社区学院学制一般为1-3年，学业结束时学生获得毕业证书或文凭，但不能获得学位。社区学院开设有大学预科课程和可以转读大学的转读课程，修业期为1-2年，程度相当于大学一、二年级。学生修完这些课程后，可以转读大学二，三年级，继续攻读学士课程。

加拿大大学学位分普通学士学位和荣誉学士学位两种。普通学士学位修读3年，荣誉学士学位修读4年，并要求有修完专门课程的成绩。

一般说来，在3年攻读普通学士学位的时间内，须拿下90学分。荣誉学士学位还要多20分左右。取得普通学士学位并且成绩在60～70分以上，再攻读两年，方可取得硕士学位。学士成绩在70-80分以上或完成硕士课程者，可申请博士学位，修业期一般为3年。

加拿大的大学采用学分制。高校一般是四年制或五年制，专科学院实行三年制。硕士研究生为1年，博士研究生为3年。

全日制高等院校每年有春、秋两个学期，每学期4个月左右。春季学期从一月开学，到四月底五月初放假；秋季学期从九月第一个星期下半周起，到十二月圣诞节结束。

高等教育不属于义务教育，分为大学和学院两类。大学有90所，可授予学位的综合大学和学院近百所。著名的大学有多伦多大学、蒙特利尔大学、麦吉尔大学、渥太华大学等。

综合大学设有文理工科多种专业，可授予学士、硕士和博士学位。学院约有250所，包括魁北克省大学预科学校（CEGEPs）、实用艺术和技术学院（CAATs）和其他可以提供转学大学课程的高等教育机构。社区学院就是其中最普遍的高等教育机构，这类院校只发学历证

第三章

系统完善的教育

书，不授予学位。

为帮助大学生家长解决学费问题，加拿大自20世纪60年代起就有教育储蓄计划和学生贷款法案。家长每年可为每个孩子在银行存入限额为1500加元的教育储蓄，这笔钱从税前收入中扣除，或不上税，而且免利息税；到子女上大学时，才可将这笔钱取出。

加拿大著名大学

加拿大高等教育水平很高，很多院校的水平就是在整个北美乃至全世界都是一流。虽然那些历史悠久的院校比较引人关注，但也有不少办学时间不长但特色突出的院校同样吸引了不少家长及其子女的目光。

加拿大哪所大学最好？加拿大人的说法不一。从1991年起，加拿大发行量最大的杂志《麦克林》（Maclean's）开始评选和公布加拿大大学的排行榜。《麦克林》依据研究经费、课程种类和专业设置等因素，将高等院校分为三类：一是有医学院和众多专业博士学位的大学；二是一般综合性大学；三是普通四年制院校。

在同类各大学之间的排名主要依据学生（高中成绩、大学毕业率、外省学生比例、外国学生比例、奖学金比例）、教师（博士生教授人数、教授获奖人数、研究基金数目）、财政（经费预算、奖助学金占预算的比例、学生服务经费比例）、图书（藏书总量、学生人均图书量、购书量和经费）和声望（校友赞助、社会声望）等六大项20多个指标来决定。

加拿大
Orientation to Canadian Business and Cultural Practices
商务与生活指南

多伦多大学

——高校龙头 当之无愧

University of Toronto

最新排名
《麦克林》杂志排名
医学博士大学第1名*

学校简介
地理位置：安大略省Ontario
多伦多市Toronto
建校时间：1850年
学校人数统计
校友总数：387,000人
学生总数：67,692人
其中：研究生以上学生：11,000人
教职员工：11,365人
国际留学生：6,000人
中国留学生：1,500人

*学校网址
www.utoronto.ca

1827年，John Strachan获得了成立King's College的皇家特许。这一学院便是后来多伦多大学的前身。与加拿大其他历史悠久的名校多受教会控制一样，早期的多伦多大学是由英格兰教会控制（其他例子还有Queen's由苏格兰教会创立，而浸信会对McMaster甚至一直控制到1957年）。

经过100多年的发展，在加拿大多伦多大学已经是"如果我称第二，无人敢称第一"。大学的专业从航天技术到动物园学无所不包，而且样样堪称一流，荣获诺贝尔奖的教授人数也是加拿大最多的。现在医学史上胰岛素就是在多伦多大学发明的。

第三章
Orientation to Candian Business and Cultural Practices
系统完善的教育

学校特点

多伦多大学是加拿大最古老、最大的大学之一，前身是国王学院，1850年正式成立多伦多大学。大学有三个校区St.George（主校区）Missisauge和Scarborough校区。在学术上的优异性和综合实力上的领先性是她最突出的特点，大学开设300多个专业课程。不管你是对医药学、法律、文学、化学工程或分子生物任何专业感兴趣，你都可以在这里得到世界级专家的教导。

学校的雄厚师资力量，包括有1923年获得诺贝尔奖的Frederik Banting.J.J.R.Macleod.。1986年获得诺贝尔化学奖的John Polanyi.世界知名研究免疫学的癌症研究专家Tak W.Mak. Peter St.George Hyslop等一批世界著名的专家和学者。

研究一直是多伦多大学的基础和发展重点。大学拥有13亿加元的捐款资金，并正在积极发展成为世界前10所最优秀的公共研究大学之一。学校的76个学科都提供博士学位课程，并从三个主要的联邦基金组织获得比其它学校更多的资助。

学校拿出将近一半的捐款资金用来奖励那些在学术领域有突出贡献的学生和那些需要经济资助的学生。学校还拿出2亿元的庞大经费建立几个新的教学设施，包括Bahen信息技术中心，可以容纳比原来多一倍的计算机科学和计算机工程专业学生。

学校语言中心是全加拿大最优秀、报名最抢手，也是学费最贵的大学语言中心之一，尽管多大不提供双录取，但每年还是有相当数量的中国优秀学生进入该校语言中心进行学习，争取进入多大本科继续学习。

加拿大
Orientation to Canadian Business and Cultural Practices
商务与生活指南

麦吉尔大学

—— 加拿大的哈佛

McGill University

最新排名
《麦克林》杂志排名
医学博士大学第1名*

学校简介
地理位置：魁北克省Quebec.
蒙特利尔市Montreal
建校时间：1821年
学校人数统计
校友总数：100,000人
学生总数：32,143人
教职员工：8,850人
国际留学生：6,000人

*学校网址
www.mcgill.ca

1813年James McGill去世时捐出一万英镑和46英亩的土地用来成立皇家高等学院，这便是后来举世闻名的麦吉尔大学。麦吉尔是加拿大惟一一所能与University of Toronto相提并论的大学。

麦吉尔地处讲法语的Montreal中英语区的中心，不但拥有大量的国际学生，而且很多世界上的知名学者也慕名而来。当年大物理学家卢瑟福便是在麦吉尔发现了原子的结构，使麦吉尔在欧美声名大噪。同时麦吉尔的医学院在加拿大首屈一指，是无数学子梦寐以求的地方。

麦吉尔的学术研究水平之高可与美国长春藤名校媲美。麦吉尔的辉煌历史和学术上的非凡成就，使她长期拥有加拿大哈佛的美誉。

第三章

Orientation to Candian Business and Cultural Practices

系统完善的教育

学校特点

许多年来麦吉尔大学一直是蒙特利尔人的骄傲，在其建校的180多年的历史中，麦吉尔大学由11个系和10个学院组成，还包括继续教育和研究生以上教育学院，学校共提供300多个专业。

大学以文科和理科专业著名，并为学生提供了广泛选择的课程学习，包括有具竞争力的电子工程和计算机工程专业，从这两个专业毕业的学生就业供不应求。大学致力于发展音乐和教育专业，并给这两个专业的学生提供了带有实习机会的本科课程。大学以之为自豪的是建筑、牙科和计算机科学等专业。管理学院还第一个为志愿工作领导者专业提供研究生级别的课程培训。法学院为学生提供本科水平的大陆法、普通法专业、该专业综合了加拿大普通法和魁北克省大陆法，其独特的教学方法和灵活的3年制的教学体系颇受学生的欢迎。

大学不断发展微电子和软件工程专业，投入1，700万加元建成了Lone M.Trottier电子工程中心，准备扩招1倍的学生。学校还有技术大楼、物理研究中心、材料研究中心、工程中心、地理研究中心、生物信息研究中心、跨计算机、生物、医学学科研究中心。

大学有大批的全国知名人物：作家Stephen Leacock,Hugh MadLennan，神经科医生Wilder Penfield，诗人音乐家Leonard Cohen和物理学者Ernest Rutherford等，这些著名学者创造的杰出成就给麦吉尔大学带来了世界级的荣誉和显著的地位。

学校求贤若渴的政策吸引了全国及全世界的优秀学子涌入其中，正像学校一位高层人士所说："学生是麦吉尔最宝贵的财富"。

加拿大
Orientation to Canadian Business and Cultural Practices
商务与生活指南

滑铁卢大学
—— 电脑工业的宠儿

University of Waterloo

最新排名
《麦克林》杂志排名
综合类大学第1名

学校简介
地理位置：安大略省Ontario
滑铁卢市Waterloo
建校时间：1957年
学校人数：全日制学生22,234人
教职员工：2,881人

*学校网址
www.uwaterloo.ca

滑铁卢大学自从1959年成立，仅数十年时间便跻身加拿大名校行列，是加拿大发展最快的学校。

滑铁卢在成立之初便把重点放在新兴的电脑行业上，并罕见地成立了数学学院（Faculty of Math）来发展她的计算机科学。飞速发展的数学学院及所属的电脑系不仅带动了其他如工学院在高科技领域的投入，而且为滑铁卢在电脑行业赢得了别人无法相比的声誉。

滑铁卢最为人称道的成就是她创立的实习计划，让电脑系学生在学习的同时有机会在IBM等著名公司获得工作经验，现在已经为美加大学相竞效仿。近十多年滑铁卢的电脑本科毕业生极为抢手，各大公司排着队聘请。

美国微软公司优先录取毕业生的八所美国大学和五所加拿大大学中，滑铁卢名列榜首，多年来在微软工作的滑铁卢毕业生比其他任何北美大学都多。

第三章
Orientation to Candian Business and Cultural Practices
系统完善的教育

学校特点

滑铁卢大学一直以其创新精神和优秀的学术背景而闻名世界，尤其在科学和技术领域。学校提供100多个本科、硕士及各类合作课程。60%的全日制学生均有参加从本土到世界各地的合作课程。学校提供加拿大最大的教育合作项目，每年有大约3000个知名企业接收10,000名学生参加各种合作项目。学生每年从实习中获得个人收入累计超过1亿加元。

学校以计算机工程最为著名，是加拿大第一个提供计算机学位给学生的大学。1999年，学校在国际大学生计算机设计竞赛中赢得了冠军。同时，学校拥有世界最大的数学系，在每年为北美大学生举办的"William Lowell Putnam"数学竞赛中均取得优异的成绩。不仅仅滑铁卢的学生给学校带来了巨大的荣誉，其先进的科学技术也赢得了巨大的荣誉。学校的科技和软件发明也为其带来了巨大的效益，每年有7,500万加元的研究成果。

学校的文学系是其最大的专业，一半以上的学生有机会参加实习。比如学习英文的学生有机会到当地的私企中工作，并可以训练专业写作。医学验光专业、工程专业和建筑学专业也同样是学校的强项专业，并享有极高的声望。具有8年历史的建筑课程每年只招收来自全世界包括合作项目在内的60名学生。

学校还比较重视跨学科的课程发展。并于4年前与劳里埃大学合作开办了数学与商业的课程、生物技术经济学、生物科技与注册会计（Biotechnology/Chartered Accountancy）。

加拿大
Orientation to Canadian Business and Cultural Practices
商务与生活指南

麦克马斯特大学
—— 加拿大的MIT

McMaster University

最新排名
《麦克林》杂志排名
医学博士类大学第1名

学校简介
地理位置： 安大略省Ontario
哈密尔顿市Hamilton
建校时间： 1887年
学校人数： 全日制学生20,741人
教职员工： 3,200人

*学校网址
www.mcmaster.ca

麦克马斯特大学的历史最早可追溯到1830年代，当时的参议员William McMaster捐款成立一所"基督徒学习的学校"，在1887年正式成为麦克马斯特大学。

麦克马斯特是一所中型大学，以研究著称，学校教师中拥有博士学位的比例是全加拿大最高的。学校还拥有国际一流的实验室和各种先进的设施，是北美仅有的少数拥有自己核反应堆的大学之一。麦克马斯特著名的研究成果不计其数，包括美国第一架航天飞机哥伦比亚号表面的抗热贴片等等。有不少国际上数一数二知名教授任职的工学院中八个系中的任何一个系放到美国，都可以在美国排名该学科前10位。

不但传统工业如能源、材料、制造、机械等在加拿大首屈一指，而且高科技领域如数字通讯和电脑硬件等也是北美领先。麦克马斯特同时还拥有在加拿大惟一能与McGill媲美的医学院，以及一流的商学院。

第三章

Orientation to Candian Business and Cultural Practices

系统完善的教育

学校特点

麦克马斯特大学1887年成立，位于加拿大安大略省哈密尔顿市。环境优美安全，距多伦多、尼亚加拉瀑布及美国边境城市约1小时车程。背倚自然园林的校园中，除了水平一流的教学科研、图书、运动及食宿设施外，还拥有原子反应堆、著名哲学家罗素的档案馆以及藏有著名艺术大师作品的世界级艺术馆。

大学在加拿大一流大学评比中，连年被誉为最有创新力与革新精神的学府，其师资及学生中共有3名诺贝尔获奖者。建校100多年以来，麦克马斯特大学吸引了世界各地70多个国家的留学生，并通过国际事务办公室，大力开展国际交流活动。

大学通过商学院、工程学院、医学院、文学院、理学院、社会科学院及研究生院提供140多个本科专业、70个硕士专业及28个博士专业。商学院是麦大具有"优秀传统"的一所学院，被金融时报评为100家最著名MBA学院之一。MBA项目为国际学生组班上课，有财会、金融、信息、电子商务、人力资源等不同方向，学生假期可以参加实习，三个月学习与三个月实习交替进行，实习期间月薪3,000加元以上。此项目的开展，大大提高了毕业生的就业率。据统计，在最近的十年里，从商学院MBA项目毕业的学生就业率一直是100%。

大学有暑期夏令营活动，目的是使更多的年轻学子有机会在名校校园里体验加拿大校园生活及学术氛围，从语言上，文化上为将来接受美加高等教育打下良好的基础。

加拿大
Orientation to Canadian Business and Cultural Practices
商务与生活指南

皇后大学
—— 加拿大的普林斯顿

Queen's University

最新排名
《麦克林》杂志排名
医学博士类大学第5名

学校简介
地理位置：安大略省Ontario
金斯顿市Kingston
建校时间：1841年
学校人数统计
学校人数：127,172人
教职员工：18,923人
国际留学生：1,117人

*学校网址
www.queensu.ca

女王大学（Queen's University）是安大略省第二古老的大学，位于安大略省的ingston。该校1841年根据维多利亚女王的皇家宪章建立，原为教会赞助学校，1912年变为非教会学校。皇后大学在加拿大是极受尊重的大学，以优异的教学质量和多姿多彩的历史而闻名。其中最值得一提的历史事件当属1938年罗斯福总统在这里接受荣誉学位时发表的那篇著名的保证加拿大不受纳粹侵犯的演说。皇后大学的教学质量在加拿大无出其右者，一直受到各行各业的广泛好评。值得一提的是，该校于1994年在英国设立了"国际研究中心"，该中心规模庞大，包括了前皇家格林威治天文台，还可以为该校学生及世界各大学的学生提供以欧洲研究为中心的各项课程。

第三章

Orientation to Candian Business and Cultural Practices

系统完善的教育

学校特点

女王大学是安大略省一所有着160多年历史和优秀传统的大学，比加拿大联邦政府的成立还早26年。

作为一个中等规模的学校，学校在法学、医药学、商学、工程和基础文理得享有盛名，有人把它称作"加拿大的普林斯顿"。政治学研究也很出名；历史制图（History draws）专业吸引了全世界大批的学生慕名而来。学校除了一直致力于完善其知名专业的教学，也增加建设其他具有领导性的专业。比如商学院1996年就在MBA的硕士学位中开设了技术在商贸领域中的应用方向。女王大学的MBA在加拿大排名第二，发展势头十分强劲。同时学校还开设了计算机工程学位和软件设计专业，使得学校在科技领域的知名度大大增加。

加拿大许多知名人士是该校校友，由于校友的慷慨资助，加上该校因其杰出的科研工作而吸引到许多资助，女王大学拥有着第一流的教学设施，从实验室到体育馆，从图书馆到学生活动中心。校内的Joseph S. Stauffer图书馆以电子服务和高科技联网而著称。

大学有260个俱乐部，40多个校队，1000名学生有机会获得带薪工作。

女王大学位于一个小城市，但却接收来自80多个国家的学生。

加拿大
Orientation to Canadian Business and Cultural Practices
商务与生活指南

西安大略大学

—— MBA的巨擘

University Western Ontario

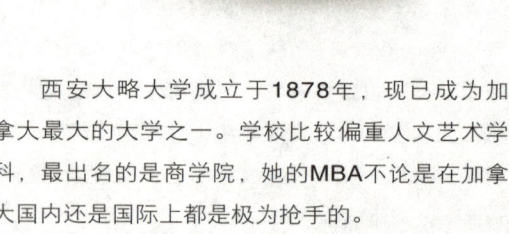

最新排名
《麦克林》杂志排名
医学博士类大学第3名

学校简介
地理位置：安大略省Ontario
伦敦市London
建校时间：1878年
学校人数统计
学校人数：190,000人
教职员工：29,000人
全职教师：1,164人

*学校网址
www.uwo.ca

西安大略大学成立于1878年，现已成为加拿大最大的大学之一。学校比较偏重人文艺术学科，最出名的是商学院，她的MBA不论是在加拿大国内还是国际上都是极为抢手的。

有加拿大著名杂志曾经做过统计后宣称，如果西安大略大学的MBA打100分的话，那么加拿大其他所有学校包括U. of Toronto、McGill、McMaster、UBC、Queen's的MBA最多只得40多分。当然这样略显偏颇，但也从另一面反映了西安大略大学MBA的过人之处。

西安大略大学的其他人文专业如政治社会学，心理学都非常有名。她的医学院也是加拿大一流的。学校重视文科，没有单独的工学院但设有理工学院。工程方面有不少先进设备，但总体实力略逊。

一般来说人们一提起西安大略大学，总是和她的商学院和MBA联系在一起。西安大略大学是国际公认的MBA巨擘。

第三章
Orientation to Candian Business and Cultural Practices
系统完善的教育

学校特点

西安大略大学坐落在加拿大风景秀美的著名城市伦敦，位于安大略省西南部的加拿大第一大都市多伦多和美国著名的大都市底特律之间。始建于1878年的西安大略大学在学术方面已经有百年的历史，并在商科、医药学和文科方面取得了辉煌的成就。学校继续保持高速发展并不断扩展在学术方面的研究。

校园占地466公顷。校园主要建筑达到75个，建筑风格古典和现代相融合。

大学由医学院、自然科学院、商学院、法学院、教育学院、文学院、理学院、工程学院、健康科学院、信息与传媒研究学院、社会科学学院音乐学院、研究生院、休伦湖学院、国王学院和布雷舍尔女子学院等组成。不同院系之间有部分专业合作，但都采用统一的教学大纲和标准，授予统一的西安大略大学文凭。

西安大略大学以商科、文科、医学见长。毅纬商学院久负盛名，被称为"加拿大的哈佛"。正如毅纬商学院的宗旨，她为全球的商业领域培养了具有全球战略眼光、能够献身事业的商业精英们。

西安大略大学的声望，使得它所录取的学生，在签证申请中得到使馆的尊重。2001年，西安大略大学的国王学院和布雷舍尔学院首次向中国大陆学生开放"双录取"，为更多的中国学生开启了西安大略大学这所传统名校的大门。该校稳健务实的录取方式和周全负责的国际学生服务，已经帮助一批有抱负的中国学生在那里实现自己接受国际一流高等教育的人生梦想。

★学校为无语言成绩的学生提供本科有条件双录取

加拿大
Orientation to Canadian Business and Cultural Practices
商务与生活指南

英属哥伦比亚大学

—— 西海岸明珠

University of British Columbia

最新排名
《麦克林》杂志排名
医学博士类大学第4名

学校简介
地理位置：英属哥伦比亚省 British Columbia,
温哥华市 Vancouver
建校时间：1915年
学校人数统计
校友总数210,000人
学生总数39,421人
其中：研究生以上7,045人
教职员工6,578人
国际留学生3,342人
中国留学生1,000多人

*学校网址
www.ubc.ca

英属哥伦比亚大学是加拿大西海岸一颗闪亮的明珠。1908年，McGill University所属的麦吉尔大学卑诗学院依据卑诗省议会通过的法律改称哥伦比亚（卑诗）大学，西岸名校英属哥伦比亚（卑诗）大学正式成立。

今天的英属哥伦比亚（卑诗）大学已经成为加拿大第三大大学。大学坐落于美丽的花园城市温哥华西面的半岛上，是北美最漂亮的校园。

英属哥伦比亚（卑诗）大学很多年以来一直是广大西部地区仅有的一所能与安、魁两省众多名校相抗衡的学校。学校提供的专业和课程非常广泛，很多学科如生物等在加拿大甚至世界上均属一流，所有的工程方面的专业全部集中在应用科学学院。

第三章

Orientation to Candian Business and Cultural Practices

系统完善的教育

学校特点

英属哥伦比亚大学（UBC）始建于1915年，是英属哥伦比亚省最早的大学，起初为研究性合作机构，后来逐渐发展为综合性大学。在不到100年的时间里，英属哥伦比亚大学成为蜚声全球的研究中心，拥有世界一流的具有艺术造型的建筑，加上它位于气候宜人、风光如画的温哥华市，因此每年吸引了全世界众多的学子前来就读。

该大学的校园占地400公顷，校园外另有12,000公顷的森林和农场，享有怡人的气候。UBC的科研很突出，有17个研究院，50个研究中心、8个跨学科研究组织及3个医院从事着4,000多个研究项目。大学从政府、公司、非盈利组织每年吸引2个亿的资金。大学图书馆是全加第三大图书馆，还有美术馆、博物馆、标本馆、体育设施等一应俱全，有210个各项俱乐部。

在加拿大，高中平均成绩在80分左右的学生才有资格觊觎UBC的大门。而即使入了学，20-30%的一年级学生即将面临被淘汰的可能，尖而又尖的学生是UBC的一大特色。谦虚、好学、智慧是UBC学生成功的关键。

大学十分重视半工半读的合作学习项目。早在1995年大学就成为文科、商科、应用科学、理学和森林学专业的学生开设各项实习课程。到2001年已有2,000名学生参加各类实习课程。

曾任加拿大总理的John Turner和Kim Campbell毕业于UBC。校友们为母校捐赠了2.62亿加元，成为学校的发展基金，此举也堪称UBC的特色之一。

加拿大
Orientation to Canadian Business and Cultural Practices
商务与生活指南

阿尔伯塔大学
——全面发展的大学

University of Alberta

阿尔伯塔大学成立于1908年,得惠于阿尔伯塔省发现石油后经济起飞,阿尔伯塔大学也获得了长足的发展,跻身加拿大名校的行列。

今天阿尔伯塔大学已成为一个专业齐全的大规模大学,不少科目的科研水平居加拿大大学的前列。该校工学院的五个系都颇具实力,其中石油勘探和炼制与卡尔加里大学(University of Calgary)一起在加拿大领先。

阿尔伯塔大学还是加拿大仅有的几所拥有体育学院的大学之一,大学图书馆藏书量相当高,人均图书拥有量居全加第一。

阿尔伯塔大学由石油工业领头,带动了其他所有学科的发展,科研水平和教育质量在加拿大的学术界和工业界都有很好的声誉,是一所全面发展的大学。

就学校建筑、师资、课程设计和设备等而言,均都可被列入国际化大学的水平。

最新排名
《麦克林》杂志排名
医学博士类大学第6名

学校简介
地理位置:阿尔伯塔省Alberta
埃德蒙顿市Edmonton
建校时间:1908年
学校人数统计
校友总数:194,089人
学生总数:35,000人
其中P:研究生以上学生:5,638人
教职员工:8,866人
国际留学生:2,000人

*学校网址
www.ualberta.ca

第三章

Orientation to Candian Business and Cultural Practices

系统完善的教育

学校特点

位于北萨斯喀彻温河南岸，加拿大最富庶的省份阿尔伯塔省首府——埃德蒙顿市中心，远眺洛矶山脉，其主校园占地89公顷，学生们在这里可以领略校园优美的河谷风光。

大学为学生们提供良好的学术氛围，在全加3M优秀教学奖中，阿尔伯塔大学的23名老师拥有此殊荣，也是加拿大拥有此殊荣最多的大学。学校提供200多个本科专业，大学在地球科技与地球环境工程、鱼类研究、石油工程、化学、环境科学与工程等学科最为著名。大学还提供文科、理学、教育学的法语学士学位。

阿尔伯塔大学广阔的校区容纳了400个科研实验室，包括全加最有实力的激光实验室、扫描电子显微镜实验室、两套核磁共振设施和多个农业科研站点，是加拿大大学中科研实力最强的前五所院校之一。在加拿大大学中，阿尔伯塔大学的皇家学者协会会员人数以及申请美国技术专利和技术转让总数均居第五位，其科研收入与资助总额亦居全国第五。参加全加拿大14个优秀科研网的大学仅有三所，阿尔伯塔大学便跻身其列。大学还建设了纳米技术研究院，与联邦政府联合研究这一深层次影响人类生活方方面面的技术。雄厚的科研实力为该校高质量的教学提供了坚实的保障。

大学图书馆是加拿大第二大科研图书馆，藏书超过160万册及14,000种期刊，人均图书拥有量居全加第一。该校的Timms艺术中心拥有加拿大国内最新最好的戏剧教学设施，其体育娱乐中心兼有室外与室内多种运动娱乐设施。

★学校为无语言成绩的学生提供本科有条件双录取

其他大学

安大略省

加拿大大学最多的省份是安大略省，其中名校林立，如多伦多大学、麦克马斯特大学、西安大略大学、滑铁卢大学和女皇大学都是一流的高等学府，各具独特的成就，像多伦多大学的医科、麦克马斯特大学的化学、西安大略大学的商科、女皇大学的工程和滑铁卢大学的电脑，都是世界闻名的学科。虽然安省的学费高昂，不少留学生仍然到这里读书，如果视读书为投资的一种，这种投资绝对值得。

除了多伦多和渥太华外，安省其他地区的生活费用都不算高，大多是人口不多的小城市，生活宁静闲适，是读书的好地方。安省各大学都通过"安省大学申请中心"统一招生。

安大略省 ONTARIO

渥太华大学（U of Ottawa）
卡尔顿大学（Carleton University）
罗瑞尔大学（U of Wilfrid Laurier）
滑铁卢大学（U of Waterloo）
西安大略大学（Weslern U on Ontario）
温莎大学（U of Windsor）
基辅大学（Guelph University）
女皇大学（Queen's University）
特伦特大学（Trent University）
多伦多大学（U of Toronto）
约克大学（York University）
麦克马斯特大学（McMaster University）

渥太华 Ottawa
多伦多 Toronto
金斯顿 Kingston
滑铁卢 Waterloo
彼德伯勒 Peterborough
伦敦 London
汉米敦 Hamilton
基辅 Guelph
温莎 Windsor

第三章

Orientation to Candian Business and Cultural Practices

系统完善的教育

英属哥伦比亚省

英属哥伦比亚全省有五所综合性大学：英属哥伦比亚大学（University of British Columbia）、西蒙菲沙大学（Simon Fraser University）、维多利亚大学(University of Victoria)、北英属哥伦比亚大学（University of Northern British Columbia）和西圣三一大学（Trinity Western University）。英属哥伦比亚省的大学教学质量全国首屈一指，大学学位的竞争十分激烈，尤其是在温哥华。

各大学中，以英属哥伦比亚大学（University of British Columbia）最具规模，学术水平最高，是国际著名的高等学府。西蒙菲沙大学（Simon Fraser University）则是后起之秀，近五、六年的成绩突飞猛进。有几个学科，如电脑和商科等，表现异常突出。

除了综合性大学，还有培养专才，注重学生实际应用能力的大学学院。具有代表性的学院如英属哥伦比亚理工学院和北美理工学院。

加拿大
Orientation to Canadian Business and Cultural Practices
商务与生活指南

魁北克省

魁北克的首府是魁北克城，是北美最具欧洲色彩的城市。以法语为主的魁北克共有三所英语大学：主教大学、康戈迪亚大学和麦吉尔大学。前者位于魁北克南部一个人口不及五千的小市镇Lennoxville，而后二者则在蒙特利尔。在芸芸加拿大大学中，麦吉尔大学最负盛名。康戈迪亚大学的历史也相当悠久，个别学系如电脑和商科等的成绩斐然，图书馆设计美轮美奂，设备先进完善。

魁北克省 QUEBEC

主教大学（Bishop's University）
康考迪亚大学（Concordia University）
麦基尔大学（McGill University）
蒙特利尔大学（U of Montreal）

伦偌克斯威尔 Lennoxville
蒙特利尔 Montreal

阿尔伯塔省

阿尔伯塔省的卡尔加里大学本属阿尔伯塔大学的教育系，到今天，两所大学已分庭抗礼了。就学校建筑、师资、课程设计和设备等，二者都可被列入国际化大学的水平。

阿尔伯塔还有一所规模较小的莱桥大学，位于卡加里南部一个只有7万人的小城市—莱桥。此大学的学费甚便宜，收生标准较阿尔伯塔大学和卡尔加里大学为宽，成绩稍逊或略欠信心的同学可报莱桥大学，当作一个后补的选择。阿尔伯塔全省除了卡尔加里外，在冬天都属严寒之地，例如爱蒙顿最冷达-49℃，而且气温变化很大，在1小时可以由10℃降至-20℃，所以，学生应预备足够的御寒衣物，平时更要留心天气预报，别太信冬日的阳光啊！

第三章

Orientation to Canadian Business and Cultural Practices
系统完善的教育

莎斯喀彻温省

莎斯喀彻温全省只有两所大学，规模较大的莎斯喀彻温大学在沙斯喀通，这所大学的校舍很特别，建筑材料取自当地的灰石，由意大利工匠建成。莎省的学费便宜，可惜，莎斯喀彻温大学对海外生采取配额制度，甚至不鼓励海外生申请，不少香港学生被拒诸门外。

在莎省读完中学的亚裔学生，若想在当地升学的，多入读里贾纳大学，然而，里贾纳大学的规模和水平都稍为逊色，不少人迁往东省的部份升学。里贾纳大学开办了一个ESL课程，专门安排那些TOEFL分数未达入学标准的学生在这里恶补英语。课程分三个级别，校方会按学生的TOEFL分数，把他们编入适合的级别，各级的课程约3个月，成绩理想的学生，便可入读大学部。

曼尼托巴省

曼尼托巴省的温尼伯有两所大学，分别是温尼伯大学和曼尼托巴大学。温尼伯大学位于市面中心区，规模较小，开办的学科不多，很多学生会坐半小时车往曼尼托巴大学先修一、二科。近年，两所大学的合作越见频密，例如合办课程和合作研究等。曼尼托巴大学是加拿大西部历史最悠久的大学，不少学系达国际一流的水平，校园广阔，大学的正门迎面一大片草地，可作几个足球场。

尽管气候严寒，温尼伯的香港学生十分多，主要原因是这里学费便宜，一直以来，本地生跟外地生的学费只差数十元，虽然1994年起，当局把学费大幅度提高，相比之下，依然较安大略、魁北克等省便宜得多，所以，留学生的人数未见减少。曼尼托巴还有一所布兰顿大学，位于温尼伯以西的布兰顿，是曼省的第二大城市，但发展远远不如温尼伯，人口亦只有4万。布兰顿大学的规模自然比不上温尼伯大学和曼尼托巴大学了。

新不伦瑞克省

新不伦瑞克大学和爱立逊山大学是省内的两所英语大学。前者的规模较大，开办的学科

亦多，共有两个校舍，分别在弗雷德里克顿和圣约翰；后者一直走小型大学的路线，重质不重量，学术水平高，是同类型大学中的佼佼者。由于纽宾士城不是热门的移民省份，所以香港学生不多。

诺瓦·思科奇亚省

诺瓦·思科奇亚省内共有8所大学，过半数位于夏里法斯，所以夏里法斯的学生甚多。诺瓦·思科奇亚省各大学或大专的工程系提供二年制的文凭课程，学生取得文凭后，需在新斯科舍科技大学修读余下的三年学位课程，由于学位有限，竞争十分激烈。这所大学的学术水平相当高，每年渥太华的大机构都在新斯科舍科技大学招请不少电脑系、工程系的毕业生。夏里法斯与邻近的Dartmouth组成所谓的"双子城"，Dartmouth以住宅区为主，居民每天坐半小时车程到夏里法斯上班，香港移民多住在这里。

爱德华王子岛

爱德华王子岛的太子岛大学是省内唯一大学，位于人口不足三万的省会夏特洛，以学费低、校园美而著名。

纽芬兰

纽芬兰唯一的大学纽芬兰纪念大学位于省会圣约翰斯，它虽是全省最大的城市，人口却不过15万。大学所开设的科目颇为齐全，其中以海洋学最著名。

《麦克林》杂志加拿大大学最新综合排行榜

Ranking 排名	University 大学		上年度排名 Last Year
医学及博士类大学			
1	McGill	麦吉尔大学	1
2*	UBC	英属哥伦比亚大学	4
2*	Queen's	皇后大学	2
4	Toronto	多伦多大学	3
5	Alberta	阿尔伯塔大学	6
6	McMaster	麦克马斯特大学	12
7	Western Ontario	西安大略大学	5
8	Dalhousie	戴尔豪斯大学	14
8*	Ottawa	渥太华大学	11
10	Calgary	卡尔加里大学	13
11	Saskatchewan	萨斯喀彻温大学	10
12	Laval	拉瓦尔大学	8
12*	Sherbrooke	谢布克大学	7
14	Montreal	蒙特利尔大学	9
15	Manitoba	曼尼托巴大学	15
综合类大学			
1	Victoria	维多利亚大学	3
2	Simon Fraser	西蒙菲莎大学	4
3	Waterloo	滑铁卢大学	2
4	Guelph	圭尔夫大学	1
5	Memorial	纽芬兰纪念大学	5
6	New Brunswick	新布伦瑞克大学	7
7	Carleton	卡尔顿大学	11
8	York	约克大学	9
9	Regina	里贾纳大学	6

10	Windsor	温莎大学	10
11	Concordia	康卡迪亚大学	8
	本科类大学		
1	Acadia	阿卡迪亚大学	3
1*	Mount Allison	爱立逊山大学	2
3	St.Francia Xavier	圣弗朗西斯塞维尔大学	1
4	UNBC	北英属哥伦比亚大学	4
4*	Trent	特伦特大学	10
6	Lethbridge	莱斯桥大学	14
6*	Wilfrid Laurier	劳里埃大学	
8	UPEI	爱德华王子岛大学	5
9	Winnipeg	温尼伯大学	12
10	Laurentian	劳伦森大学	16
11	Lakehead	湖首大学	15
11*	Moncton	麦克敦大学	18
11*	Ryerson	瑞尔森大学	16
11*	Saint Mary's	圣玛丽大学	9
15	Brock	布鲁克大学	19
15*	Mount Saint Vincent	圣闻森特山大学	11
17	Bishop's	主教大学	7
18	Brandon	布莱登大学	20
18*	St.Thomas	圣托马斯大学	8
20	Nipissing	尼皮辛大学	21
21	Cape Breton	凯波布兰顿大学	13

* indicates a tie   *表示并列

注：每年的排行榜都有些变化，但变化不大，仅供参考。

系统完善的教育

四、赴加留学

加拿大是一个环境优美、生活富裕及充满机会的国家，拥有完善的教育制度，各大中学校及职业学校所颁发的文凭被世界各国广泛承认，再加上其紧邻美国，留学优势不言自明。

随着"9·11"事件的逐步淡化，赴加留学日渐升温，其签证通过率已经从前几年的60%逐步上升，如果中介机构选择得好，签证通过率可以更高。

由于加拿大学习、工作和生活的条件优越，加之移民签证条件较为宽松，因此，近年来吸引了大量中国学生前往留学。

近年，赴加留学的学生大多数选择BC省的高校。BC省的高校分公立和私立两大类，私立大专以上院校约有1130所。目前在BC省的中国留学生有一万多人，其中相当部分在私立院校学习。

由于一些私立院校的办学质量没有保证等原因，留学生投诉情况越来越多。而投诉较多的院校大多是无教员、无教室、无教材的"三无院校"。这些院校从国内招生时，往往许诺不要托福成绩，可以颁发大专、本科甚至硕士文凭，实际上有名无实，学生拿到这些证书后，在加拿大找不到工作，回国后也不可能得到承认。

建议留学人员在选择入读私立院校前，先查明该院校的学分是否被其他院校认可，以避免在就读课程后才发现学分不被其他院校认可，给今后的转学等造成很大障碍。

BC省可以转学分的学校名单可以到BC省入学和转学委员会（BC Council on Admission & Transfer）的网站（www.bccat.bc.ca）查找。如果所留学的院校不在名单之列，而留学人员有计划转到其他院校就读，应与准备转学的院校联系，查询对方能否接受所就读院校的学分。据了解，BC省的私立院校中只有极个别院校在其转学体系之内。

留学加拿大的N个理由

为什么要选择去加拿大留学？

每年有超过13万的学生来到加拿大学习，是什么样的因素促使世界各地的学生们选择了加拿大为自己的目的地呢？因为——

加拿大是一个多元文化的、美丽的、安全有序的发达国家

联合国连续多年将加拿大评为世界上最适合居住的三所国家之一。加拿大的三所大城市——温哥华、多伦多和蒙特利尔也因为经济发达、环境清洁以及多文化共存的具有吸引力的生活方式，被公认为适宜生活和工作的城市。来加拿大学习更可以亲身体验到加拿大的自然风光。

加拿大提供高标准的教育

加拿大人对教育质量有充分的信心。政府对教育的投入是世界上最高的国家之一。高标准的教育对加拿大国家整体的高生活水准作出了直接的贡献。加拿大的教育水平也受到全球的认可。

加拿大与美国相邻，有许多紧密的联系

加拿大与美国的教育、工作经历互相认可。加拿大的社会环境较美国更为安全，留学费用相对于美国、英国等国家更便宜。

第三章

Orientation to Candian Business and Cultural Practices

系统完善的教育

中国加拿大教育思维比较

加拿大	中　国
启发式	灌输式
正确结果可以多种多样	惟一结果
多样题目	统一题目
鼓励开拓思路	鼓励循规蹈矩
独立解决能力	分立分科培养
综合能力	局部结果

加拿大高等教育与中国有什么不同？

加拿大的高等教育由4种院校提供——大学、大学学院、社区学院和技术学院、职业学院。

加拿大大学提供自由宽松的学习环境，培养独立、自信、有能力的学生。

学校不仅看重学生的学习成绩，也注重培养学生各方面的才能。

英语、法语均是加拿大的官方语言，大多数的大学用英语教学。

在加拿大生活是什么样的？

加拿大东濒大西洋，西临太平洋，北接北冰洋，南与美国本土毗邻，共10个省、3个北部地区。加拿大阳光充沛、四季分明。北部地区通常比较寒冷，而大多数人居住的南部地区比较温暖的地带。

留学生一年的学费：8,000～15,000加元

每月房租：400～1,000加元

每月的食杂费：200～300加元

注：目前加元对人民币汇率约1：7

如何选择你的大学？

总体来说加拿大的大学教育水平比较平均。选择大学的时候可以根据自身情况考虑如下因素：学校地理位置、学校的排名、你所理想的专业、学校教育质量及设施、学习和生活的费用等。

赴加留学认识误区

尽管优势明显，不少留学生在选择赴加留学时还是显得患得患失。有关专家介绍，这主要是因为对留学加拿大存有几个认识误区。

误区一：学费很高

现状：加拿大一年的学费和生活费近几年来都比较稳定，平均每年花费在15万元人民币左右。

对比：目前，澳大利亚的学费年年都在上涨，据最新的调查显示，每年澳大利亚的学费和生活费在16-18万元人民币。

误区二：签证很难

现状：目前，加政府逐渐对留学生开放，签证通过率正逐渐上升。目前到加拿大只要拥有足够的担保金，留学者拿到签证就没有问题。担保金为60万元人民币，留学者还要提供12个月至18个月的银行存款证明。

误区三：教育质量一般

现状：加拿大每年教育经费高达国内生产总值（GDP）的7.1%，高居世界第一。其学历被世界各国普遍承认，渥太华大学、英属哥伦比亚大学、温莎大学等知名大学即使放在美国都能排在前30位。另外，由于同属北美教育体系，在加拿大学习的学分被美国大学所认可，学生申请转学到美国十分方便。

误区四：就业打工很难

现状：加拿大的就业前景良好，被誉为通往美国的桥梁，同时又有"美国后花园"的美称。目前，加政府也放开了留学生不能打工的限制，部分省份允许留学生合法打工。很多留学生，在毕业之前已经在加拿大找好工作，拿到工作签证。近年来外国留学生毕业后在加拿大很容易取得工作签证，因为加拿大政府比较欢迎这些留学生留在加拿大。

在美国、澳洲等国家，留学生毕业后取得工作签证就不是件容易的事情了。

误区五：环境气候恶劣

现状：以前人们认为加拿大的天气寒冷，实际上加拿大森林覆盖率世界第一，渥太华等城市气候宜人，属海洋性气候，冬暖夏凉。同时，加拿大连续被联合国评为最适宜人类居住的国家之一。

第三章

Orientation to Candian Business and Cultural Practices

系统完善的教育

如何办理留学签证及注意事项

加拿大留学签证的基本要求

1. 您已经被一所加拿大政府认可的学校录取；
2. 您有足够的经济能力支付在加拿大留学的学费和生活费；
3. 您在加拿大完成学业之后会回中国（没有移民倾向）；
4. 没有犯罪记录，您对加拿大的社会治安没有威胁；
5. 体检合格；
6. 支付申请受理费。

申请受理时间

目前处理申请的时间为1～2个月，加拿大驻华使馆签证处在收到留学签证申请后，将会发给申请人体检表及体检须知，为加快审理速度，我们建议您收到体检表后尽快去体检。请注意，发给您体检通知并不能说明您的留学签证许可申请将会被最终获得批准。

收费标准

留学签证的申请费为：125元加币或860元人民币。用人民币付费可使用中国邮政汇款单，加拿大使馆只接受数目准确的汇款单，该汇款单必须寄给加拿大使馆签证处；你还必须在汇款单上用汉字和拼音明确标出你的姓名和出生年月日。一份清晰的汇款收据复印件应作为你的付费证明附于申请内。

申请签证所需材料

1. 两份填写好的签证申请表格
2. 填好的家属表和就业细则表
3. 申请费（或附一份邮政汇款单复印件）
4. 四张护照照片
5. 五张写明申请人姓名和地址的回邮标签
6. 学校发出的正式录取通知书原件、复印件各一份
7. 申请人支付的学费收据
8. 英文或法文翻译的申请人的毕业证书、成绩单、毕业文凭复印件
9. 护照
10. 在加的留学计划书
11. 经济担保书

申请语言课程注意事项

加拿大规定，申请语言课程不超过6个月的，无需申请学生签证，只要申请短期签证即可。实际上这类签证的难度非常大，我们建议另作计划。

留学签证注意事项

① 初中生签证注意事项

◆ 入读公立教育局管理的高中学校。中国学生的数理学科基础知识比较扎实，这方面的成绩可以经考试评估转换学分。如果英文不够好，把主要时间精力放在主修英文学分上面。

一般来说，高一的学生可以插班十年级，高二插班十一年级，依此类推。比较两国的高中课程设计，加拿大注重学生个人能力、社会意识以及将来就业方向的培养，中国学生要主动去适应这样的教学。

◆ 入读以教授高中课程、颁发高中毕业文凭为主的私立国际学校。一般来说，这样的学校相对于公立学校而言，对国际学生的照顾更专业、也更全面一些，而且也有一套针对国际学生普遍情况、为了获得加拿大高中毕业文凭而设的教育方案。

例如哥伦比亚国际学院和加拿大一些著名大学如 McMaster University 等有合作计划，学生上一流大学的概率非常大，达60%以上。

另外，这类学校还提供大学预科课程，需要读 6 个月左右，通往名牌大学，适合高三刚毕业的学生。虽然这些学校中国学生稍微多一些，但对于年龄小、独立生活能力较弱的学生来说，也是一个相当不错的选择。

◆ 入读加拿大大学附设的中学部。高中毕业后直接上这所大学。

② 高二（三）学生签证注意事项

高二、高三的学生最容易获得加拿大本科的录取，签证率也比较高。高三的在读学生处在办理留学的最佳时机。一般来说，高三第一学期开始办理，同时申请一段英语学习，毕业时刚好衔接上加拿大的本科。

◆ 如果您的学习成绩较好，又计划到加拿大上好大学，我们建议您申请加拿大预科加本科课程（双录取）。这样您在一年的预科学习将很好的提高您的成绩，为您顺利进入一流大学奠定基础。该方案的入学要求不需要英语成绩，只要完成高二的课程就可以申请。

◆ 如果您在学校的学习成绩特别好，可直接申请加拿大大学课程，但要保证雅思在6.5或托福在580分以上，而且高中三年的平均成绩在85分以上，个别学校要参考高考成绩。

③ 大专学生签证注意事项

我们建议您申请加拿大研究生文凭课程，该课程是您获得硕士学位的跳板，也是您将来移民加拿大的基础。完成该课程后再读一年即可获得硕士学位。

④ 本科生签证注意事项

申请加拿大研究生学位课程应该是您的首选。根据您的大学期间的专业课平均分（不低于75%）和英语成绩，包括托福（580）、雅思（6.5）等，申请您喜欢的专业和院校。申请研究生入学的文件要求比较严格，需认真准备。

加拿大大学研究生的录取过程：

◆ 入学时间为每年九月份和一月份，由于申请录取和申请签证需要较长时间，学校接受申请的截止时间要比当年入学时间提前七、八个月。

◆ 为了获得学校录取，写出表达自己未来研究方向、反映自身专业背景的个人自述是很重要的。还要对所申请的院系，专业课程，相关教授的研究领域有比较深入的了解，体现在个人自述中。

◆ 录取信一般在开学前的5个月发出。

⑤ 研究生签证注意事项

◆ 关键还是在于学习计划的撰写。需要在个人自述的基础上加上学成以后回国就业的规划。要写得内容充实，不能泛泛而言。

◆ 一定数量的担保资金也是必须的，但数量不需要像申请本科生签证那么多。要知道，获得奖学金等资助是不能抵消担保资金的。

⑥ 留学加拿大注意事项

赴加留学前，要做好各种准备，以免到达后陷入窘境。

申请住宿

由于每个学校的申请截止时间及学生数量不同，在你取得签证后应该尽快申请寄宿家庭或学校公寓，以免延误；

申办加拿大银行个人帐户、持身份证、护照/签证到加拿大蒙特利尔北京办事处开办个人帐户，3天后可拿到结果；

翻译

将录取通知书连同学校交费清单一起到翻译公司翻译；

银行换汇

带上所需人民币、身份证、签证、录取通知翻译件到当地中国银行办理批汇和汇款手续，根据国家外汇管理局规定，每人每年享受平价

第三章

Orientation to Candian Business and Cultural Practices

系统完善的教育

换汇的机会只有一次，换汇金额以录取为准，而不是过去的最多可购买外汇2万美元，详情可咨询中国银行。

航班

目前，中国直达加拿大的航班城市只有北京、上海、香港。由于国际航班手续繁杂，需提前3小时到达机场；签证、海关信和录取书需随身携带；为了安全，随身所带金额不要超过500加元；每人可托运两件行李，每件标准箱长宽高之和不得超过158厘米，重量不得超过32公斤。可随身携带一件小行李，重量须在5公斤内。但是行李的要求会因航空公司的不同而异。

中国学生飞抵加拿大后第一站是温哥华，落地后，先取行李；移民局大厅办理入境手续；办理手续需出示你的签证、入学通知和海关信，之后移民官会给你颁发就学许可（Study Permit）。

留学生转移民签证须知

夏天即将来临，许多留学生已经毕业。每年六、七月份是留学生申请工作签证，准备移民，或办理转学手续最忙的季节，这也为一些非法行为提供了机会。这些行为包括：

(1) 提供虚假工作和雇主来骗取工作签证；

(2) 怂恿留学生申请难民；

(3) 要留学生支付大量金钱来换取虚假的工资单和扣税单；

(4) 一些学校只要留学生交费就可以提供虚假的在学和录取证明等等。

我们希望留学生凭自己的能力和教育背景，堂堂正正通过正常途径获得移民身份，下面是留学生转换移民身份必须注意的问题：

(1) 在安省的国际留学生在加拿大正规大学和公立学院毕业后可以申请为期一年的工作签证（post-graduation work permit）。必须注意，除了加拿大大学以外，在大多伦多只有Seneca College，Centennial College，George Brown College，Humber College和一些教堂学院的毕业生才能够申请为期一年的工作签证（post-graduation work permit）。

(2) 对大部分没有工作经验的留学生来说，在加拿大一年的工作经验是技术移民加拿大的关键。能否取得为期一年的工作签证（post-graduation work permit）是许多留学生能否在一年后顺利移民的关键。

希望留学生尤其注意下列问题：

(1) 不要用假工作来申请工作签证。因为即使你可以得到工作签证，在你申请移民时，加拿大移民部通常会因为你所在的小公司而要求你提供工资单（payroll），扣税单和公

司的年度财务报表（annual financial statement）和交税单（Tax Return）。如果你和公司不能提供的话，你的申请不仅会被拒，你也会可能因造假而永远失去移民加拿大的机会；

正确选择中介公司办理，有良好资质的公司会根据学生实际情况和条件，提供舒适的学校和留学方案。

对于通过自己努力或正常途径得到工作的学生，希望在申请工作签证时注意下列问题：

(1) 申请工作签证必须有一份雇主雇用信（job offer letter or employment contract）。在这份雇主信中雇主必须详细说明工作职位、工作内容、工资性质和工资待遇等等。这些内容必须和你所学的专业相关，必须符合加拿大工作职称定义。

(2) 最重要的是，因为你必须在一年后用此工作申请移民，你申请工作的雇主信必须和你申请移民的雇主信一致。我们知道许多案例，移民申请人因为申请工作签证的雇主信和最终的信相互矛盾而陷入困境。

第4章

安全舒适的生活

连续多年被联合国评为人类
最适宜居住的地方
世界上最完善的
全民医疗保险制度
令人羡慕的高福利国家
优美的风景 清新的空气 天然大氧吧

Orientation to Canadian Business and Cultural Practices

一、综述

  加拿大是一个环境优美、生活富裕、充满机会的国家，拥有完善的教育及社会福利制度。加拿大被联合国连续多年评选为世界上最适于居住的国家。

  加拿大被称为是移民的天堂，是全球最适宜居住的国度。加拿大是世界上七大工业国之一，经济和科技发展世界领先；自然环境极佳，空气清新，风光迷人；法制健全，社会安定，治安良好；有丰富而完善的社会福利保障体系；有丰富多采的多元文化，多种民族和平共处，无种族歧视；有完善的教育体系和良好的国民素质。持有加拿大护照，全球畅通无阻，免签证入境的国家有100多个。

第四章
Orientation to Candian Business and Cultural Practices
安全舒适的生活

二、国民福利

加拿大的历史虽不是很悠久，但它目前已雄踞世界强国之列。这样的成功是与国民的艰辛劳动分不开的。加拿大政府很关心国民的健康，将巨额经费用在社会保障、国民生活的安全与稳定上，也就是说它有着比较完善的社会福利制度。

加拿大联邦、省和市三级政府均有相当完善的社会服务。为个人和家庭提供各种咨询和援助。社会服务包括咨询辅导、语言训练、托儿所、法律援助、翻译服务和康乐服务等，这些服务都是免费提供的。

如将各种福利政策上网公布，并印成各种文字的小册子或卡片，这些印刷品一般通俗易懂，有的还图文并茂，不仅放在政府福利部门，还放在公众场所、慈善机构、医院、幼儿园、老人公寓等地。在这些印刷品的旁边，还准备了有关的申请表和信封。

儿童福利

1893年安大略省颁布了第一部《儿童保护法》。随后各省陆续通过类似的法律，还建立了各类儿童福利机构。

各省法律明确规定：儿童若得不到父母或监护人的充分照管，政府有权进行干预。父母或监护人发生忽视、遗弃或虐待儿童的行为时，都会受到法律的指控和制裁；若导致儿童死亡，会以谋杀罪论处。

加拿大儿童税收福利（Canada Child Tax Benefit，CCTB）

该项福利是加拿大政府对有资格的家庭中不满18岁的儿童提供的一种免税的、按月支付的现金帮助。其中包括国家儿童福利补助（NCBS）和残疾儿童福利补助（CDB）。该福利通常在每月的20日发放。

福利的计算

加拿大儿童税收福利（CCTB）由基本福利、国家儿童福利补助（NCBS）以及残疾儿童福利补助（CDB）组成。

以2006年7月至2007年6月年度为例，该福利的计算基于以下几个方面：
- 家庭中儿童的数量及年龄
- 家庭的居住省份或地区
- 2005年度家庭报税的净收入
- 2005年度孩子父母所申报的托儿费的数额
- 孩子是否符合申请残疾儿童福利补助（CDB）

基本福利的计算方式
- 家庭中每个小于18岁的儿童每月可获得104.58加币的补助
- 第三个及以上的孩子每月还可多获得7.33加币

如果有小孩为6周岁，则每月可再另加20.75加币，不过如果该家庭在2005年度申报了托儿费，该项补助则需减去该托儿费的25%。

当家庭净年收入超过36.378加币时，基本福利会被减少。超出36.378加币部分如果家庭有一个小孩，基本福利要减少家庭年净收入的2%。如果家庭中有2个以上的孩子，则要减少家庭年净收入超出36.378加币部分的4%。

国家儿童福利补助（NCBS）的计算方式
- 家庭中的第一个孩子可每月获得162.08加币。
- 第二个孩子可每月获得143.33加币。
- 第三个以上的孩子可每月获得136.41加币。

当家庭年净收入超过20.435加币时，同时参考家庭中孩子的数量，该补助会按照家庭净收入的一定比例降低。
- 如果家庭中只有一个孩子，降低数额为家庭年净收入超出20.435加币的12.2%。
- 如果家庭中有二个孩子，降低数额为家庭年净收入超出20.435加币的22.9%。
- 如果家庭中有三个以上的孩子，降低数额为家庭年净收入超出20.435加币的33.2%。

残疾儿童福利的计算
残疾儿童指经过医生证明，在体能和智能上有严重和永久性缺陷而需要特殊护理、治疗和教育的儿童。

对于有资格申请残疾儿童福利的孩子，以其家庭的年净收入为基础，每月可收到不超过191.66加币的补助。当该家庭年净收入超过36.378加币时，该福利补助就会开始减少。

第四章

Orientation to Candian Business and Cultural Practices

安全舒适的生活

通用托儿福利计划（UCCB）

通用托儿福利（UCCB）自2006年7月开始实施，目的是通过直接的财政支持来帮助那些因父母工作而考虑将孩子送往托儿所或幼稚园照顾的家庭。但在实际操作中，无论孩子是否上托儿所或幼稚园，6周岁以下的儿童均可享受该福利。

通用托儿福利（UCCB）是独立于加拿大儿童税收福利（CCTB）的福利计划，每个小于6周岁的儿童每月可领取100加币。这里必须注意的是，与加拿大儿童税收福利（CCTB）不同，通用托儿福利（UCCB）的金额是需要报税的。

加拿大政府还通过儿童特殊津贴（Children's Special Allowances，CSA）计划帮助那些无家可归，被政府或慈善机构收留的18岁以下的儿童。儿童特殊津贴只发放给托幼机构，进入这些机构的低收入家庭儿童通过申请津贴，得到减免托幼费的福利。

加拿大婴儿可以得到出生津贴，这种津贴是对新生儿家庭的一次性补助，补助的具体金额因各省和地区以及家庭中孩子的多少而不同。如在魁北克省，第一个孩子的出生津贴为500加元；第二个孩子为1000加元；第三个以上的孩子可以在5岁内每季度领取375加元，5年共计7500加元。领养新生儿也可以享受这一福利待遇。

近年来加拿大增加了儿童福利。从2001年7月1日起，将第一个孩子的最大抵税额从原来的1975加元，提高到2265加元，并在2004年达到2400加元；对第二个和以后生育孩子的抵税额，也根据这个幅度相应提高。预计9/10的儿童将从这一调整中受益，而最大的受益者是有儿童的低收入家庭。如单身母亲带一个孩子，年收入2.5万加元的家庭，2004年的福利补助金将增加22%。

成人福利

养老金计划（Old Age Pension）

这层保险来源是雇主和雇员的缴费。政府规定凡年满18岁已参加工作的雇员，必须缴纳工资的2.95%来作为将来退休后的福利，雇主出同样比例。自谋职业者全部个人缴纳。

养老金也称退休金：加拿大政府允许每个人工作到自己想退休的年龄，但养老金数量有区别。除魁北克省以外，加拿大各省都实施加拿大退休计划。以2006年7月为例，人均退休金为每月463加币。

加拿大退休计划是一项公共保险计划。加拿大居民在每月的收入中扣除一定数额的退休金供款，在退休后或身体长期有障碍的时候，就可以通过这项计划得到补助。退休金必须付税，申请者不管在世界上任何地方都可以得到。魁北克省有自己的计划，称作"魁北克退休计划"（Quebec Pension Plan）。

退休金制度

加拿大人退休后的生活来源是有保障的，从1966年起开始实行的退休金制度是这一保障的基础。这一制度包括加拿大退休金计划和魁北克退休金计划，前者在包括除魁北克省以外全国各地区实施，后者仅是在魁北克省实施。

这两项退休金计划，均依据收益人以前的收入和收入中为此计划扣除部分的多少来确定各自的退休金标准。1995年，退休金人均20300加元，相当于在职人员平均收入的84%。1997年有320万人领取退休金。

加拿大政府对老年人还有其他补助项目，如联邦政府规

第四章

安全舒适的生活

定的老年人保障津贴、收入保障补助和配偶补助等，各省和地区政府还有各自的有关老年人收入保障的福利政策。

老年收入保障计划

这一层保险的来源是国家税收，它又包括老年保障金、保障收入补贴、配偶补助三个方面的内容。老年保障金的受益者是全体国民，但要满足两个条件：一是年龄达65岁；二是年满18岁以后在加居住满10年以上。这项保险的金额标准因人而异。保障收入补贴顾名思义是一种有针对性的保险，对象为一部分低收入的老年人。

根据2006年7月的统计，单身者为每月411加元，有配偶的为每人每月257加元或396加元。配偶补助的对象为60至64岁之间、未享受老年保障金的人和60至64岁之间、丧偶的孤寡老人。

残疾抚恤金

对残疾人加拿大政府有一系列的保险项目，分别开设在不同的保险计划之中，对无工作者也有救济计划。其对象为残疾人和其未成年子女，18—65岁期间，工作中至少缴了4年保费的。

这项金额需要申请，经批准才能得到。抚恤金最高每月为883加元。康复之后，主管部门会帮忙介绍工作，重回岗位后抚恤金停止。

医疗健康保险

加拿大拥有世界上最完善的医疗保险制度。大多数社区都有很好的医院、诊所或医师办公室。所有加拿大居民、公民和永久居民，在注册加拿大国家健康保险计划后，都可以得到通常是免费的服务。医疗保险是国家从税收中直接支付给医院和医生的。

医疗保险意味不需要直接支付医疗费用。费用的支付是通过所交纳的税收来支付的。

当享受这些服务时，只需出示健康保险卡即可。健康保险是加拿大的一项国策，每个省都有他们自己的健康保险计划。每个省都有所不同。最重要的是尽早申请健康保险卡。当抵达加拿大后，新移民将从所居住的省收到健康保险卡，也可以在医生、医院、药房或移民服务机构拿到申请表格。

基本医疗保险

加拿大的国民基本医疗保险制度不仅使加拿大在西方资本主义各国中尤显优越，而且使加拿大人民为之自豪。

医疗保险的费用由加拿大联邦政府和各省政府负担，主要来源为联邦政府和省政府所得税。在不同省份，医疗保险制度有不同的名称。

政府医疗保险的对象为加拿大公民、永久居民、难民和在加拿大有工作许可证的外国人等。

国家卫生和福利部门负责制定法案，建立保险的基本标准和条件，具体事宜由各省自行制定，比如拨给各医院的经费等。国家下拨的经费主要用于医院的各项基本支出。加拿大的医疗保险是非盈利性的，此医疗保险体系的实施在于保证低收入家庭与个人也能得到较好的医疗。

加拿大每个省都有医疗保险计划，提供廉宜而高质的医疗服务。保险计划包括各项医疗服务、诊金、住院和手术等费用，但不包括药费。如果你的家庭医生认为你需要住院，甚至手术，不论手术大小，以及一切的化验，全部由医疗保险计划负责。在住院期间，病人的伙食、药费等都不用自己支付分文。65岁以上的老人和领取社会救济的人，其处方药大部分为免费提供。

健康保险卡

加拿大人都有一个健康卡（Health Card），此卡全国通用，但跨省迁居需要在当地重新注册。加拿大人凭卡可以在任何地方的任何医院、诊所免费看病，免费看病指不需要付挂号费、检查费、化验费和治疗费，每两年还可以做一次全面的眼科检查。但拿医生处方到药店取药时要交钱，只有65岁以上的老年人免费取药。

如果是住院治疗则一切费用全免，不仅手术费、药费全免，伙食和病床费也不收。健康卡没有金额上的限制，只要医疗需要，无论多昂贵的检查和手术，患者费用全免。对一些保健项目，健康卡担负不同的费用份额。如包括按摩在内的理疗项目和心理咨询，健康卡每次只能承担一部分费用，而且每年对这类费用有一定限额。

加拿大医生凭患者的健康卡和诊断记录，定期向医疗保险机构收取诊疗费用；药店则靠药品批发和零售之间的利润经营，医生和药店之间没有必然的联系，因为医生包括其诊所无权向患者出售药品，患者可以凭处方到任何一个药店买药。

加拿大的健康卡不包括下述医疗费支出，如牙科医疗、配眼镜和保健项目中的自费部分，患者或其就职单位为此要买专门的保险。大多数省规定，一般药品费每年800加元以内由个人负担，超过800加元后免费。低收入家庭还可以申请800加元以内的药品费减免。

一般政府部门或较正规的公司都为员工提供健康卡之外的医疗保险，保险金由单位和个人分别承担，一般是单位多付一些如60%，职工每月大约交40-50加元。保险分个人和家庭保险两种，已婚职工一般都买家庭保险。

第四章
Orientation to Candian Business and Cultural Practices
安全舒适的生活

家庭保险的受保者包括员工的家属。享受保险的人每年看病只交50加元，其余部分全部由保险公司承担；每两年可以免费配一付眼镜（约200加元）；看牙医每次自费20%。看牙医按单位时间收费，计价单位为15分钟收费40-50加元，补一颗牙花200加元是很正常的。有条件的个人也可以个人买医疗保险。

申请健康保险卡，需提供出生证明、入境记录（IMM1000）、永久居民的确认书（IMM5292）及护照。永久居民卡也应出示。在大多数省，一经申请就会被纳入保险范围。

健康保险卡主要在居住的省份使用。如果在另一个省遇到紧急情况，也可使用保险卡。但若搬迁到另外一个省，则需申请一张新卡。

社会医疗健康保险
非政府提供的医疗健康保险，主要是围绕政府的医疗保险进行补充或是针对不能享受政府免费健康医疗保险的人士。

旅行医疗保险
为加拿大居民或永久居民前往海外旅行、探亲、短期定居而不能享受加拿大政府免费医疗保险而设。

前往美国旅游或短期（一年以内）工作的加拿大公民或永久居民，若在外期间不能享受原居住省政府的健康保险时，也可购买临时医疗保险。但如果是前往美国以外的其他国家，则需要买的是加拿大旅行医疗保险，而不是针对到美、加的加拿大临时医疗保险。

临时医疗保险
与加拿大旅行医疗保险不同的是，加拿大临时医疗保险（加拿大探亲旅行医疗保险）是专为前来加拿大但不能享受或暂时不能享受加拿大政府医疗保险的人士而设。因此，主要适应对象是前来加拿大探亲访问人士、暂不能享受政府医疗保险的新移民以及国际留学生。此外，该计划也适合前往美国做不超过一年的短期工作的加拿大居民。

公共假期

加拿大政府规定：全职雇员在工作一年后可获每年两周（10个工作日）有薪假期；连续工作5年后，可获每年3周有薪假期。假期不得以薪金替代。

雇员不得因为怀孕而遭解雇。此外，还可获得无薪产假，继续保有其退休金或医疗计划，并于产假结束后返回原工作岗位。产假中，产妇可申请就业保险EI。

除此之外，不同的省和地区还有自己的假日。例如，6月24日是魁北克省的假日，而大多数省在8月的第一个星期一都放假。

1月1日	新年
4月（或3月）	复活节
5月25日前的星期一	维多利亚日
7月1日	加拿大国庆节
9月的第一个星期一	劳动节
10月的第二个星期一	感恩节
11月11日	和平纪念日
12月25日	圣诞节
12月26日	节礼日

第四章
Orientation to Candian Business and Cultural Practices
安全舒适的生活

三、休闲购物

在加拿大购物是一种享受，加拿大的购物商场不但宽大，而且十分舒服洁净。里面的设施现代时尚，并配有孩子们的游乐场和长椅沙发等，让你留连忘返。

购物是一门学问。对于初到加拿大的人来说，如何购买到价廉物美的东西也是受到关注的焦点问题之一。加拿大商店的营业时间一般为：上午9：00～晚上8：00。

在商店购物，讨价还价的情形是不多见的，但私人出售的商品属例外。如果你在较正规的商店购物，一定要保存好你的收据；这样当你发现商品有令你不满意的地方时，你可以凭此收据要求退货或换货。加拿大的商店普遍信誉良好，很少有欺诈行为。万一你发现某些商家有欺诈，可以向消费者协会投诉。

加拿大
Orientation to Canadian Business and Cultural Practices
商务与生活指南

在加拿大可以购物的地方很多，民众主要购物场所如下：

购物中心

购物中心常设在公共交通沿线，并设有停车场，方便顾客往来。购物中心的内部有许多商店，分别出售不同类型的商品，如衣服、文具、鞋子、箱包等。购物中心内也会有较大的百货商店，这里的货物种类比较齐全。

除了定期的大减价之外，有的百货商店还在地下室特设了廉价商品部，这里的商品都是卖剩下的，但并非旧货或次品。次品有专门的次品处理部。

为了方便顾客，购物中心内还往往设有餐厅、银行和超级市场。但多数情况下，超级市场是与购物中心独立的，在地理位置上各占一方，规模巨大，货物种类齐全。

百货连锁店

著名的百货连锁店有伊顿（EATON）、西尔斯（SEARS）、哈德逊湾（THE BAY）、泽勒斯（ZELLERS）和伍尔科（WOOLCO）等。

伊顿属高档百货公司，价格较贵，泽勒斯和伍尔科属中低档百货公司，适于较低收入者光顾。上述百货公司均开架服务，顾客自由选购十分方便。在一般的购物中心，均可找到这几家连锁店。购物中心内草木葱茏，有椅子和沙发供人歇脚，还有各类快餐店和服务设施。

旧货商店

这类商店现在加拿大也很多，大多是卖一些旧货和二手货。商品的来源，大多是居民们不用的或淘汰掉的，其中有一些不错的家庭日用品。这类商店中的东西价格非常便宜，仅用极少量的钱就能买到一些非常实用的东西。

院落交易

加拿大有一个非常好的习惯，每年的春天，他们都会选择某个周末、周日，把家中不用的东西搬到院子里，或堆放在车库中，以非常便宜的价格卖给需要的人。价钱不太贵，但却帮助了别人，减少了自己的麻烦。

第四章
Orientation to Candian Business and Cultural Practices
安全舒适的生活

四、购房置业

移民买房置业成为加拿大梦的主要部分。尤其华人"有土斯有财"的观念，使华裔移民对房地产更是情有独钟。购房置业依然是加拿大人特别是华裔移民最主要的投资方式之一。

房地产是一种稳健的长期性投资。不断升温的加拿大房地产造就了许多地产财富英雄。而这种故事实际上大多数还是现在进行式。在加拿大特别是温哥华、卡尔加里、多伦多的环境下，应该说房地产是一种稳健的长期性投资。如果你是注重长期目标的商业投资者，房地产起码是你应该考虑的投资组合之一。许多财经顾问都建议，一个稳健的投资者应该把钱分别放在债券、股票和房地产等几个主要类别上面。

加拿大房产市场分析

首先房产是有形的资产,和股票及其他债券不同,不会受到企业经营或经济发展的剧烈影响贬值到一钱不值。而且土地的资源是有限的,而每年都会有来自世界各地的大量的新移民不断的移居到加国。伴随着城市的不断发展,在供求驱平的原理作用下,城市的地产价格只会上升,不会下降。

与中国热火朝天的房地产市场相比,加拿大地产市场总体呈现出增长态势,房屋价格持续走高,相信未来几年加拿大的房地产平均仍然会有出色的表现。

在加拿大购买房屋,用于投资目的是显而易见的,作为日常居住和避税目的则相对合理,因此应该以自用物业投资为主,保值为主,适当考虑增值潜力。

但并不是每一笔房地产投资都一定会有很好的回报,除了自己应有独到的眼光以外,寻求房地产专业人员的帮助是必不可少的。具有成熟经验的地产经纪能够帮助您分析策划,选择合适的地理位置,调查社区环境,分析投资发展趋势,掌握投资热点,帮您确定入市时间,这样一来就可以最大限度地降低风险,增加回报。

房地产投资常见方式

投资自住或自住加出租租金可抵部分或全部分期付款及财产税,以后出售变现,①主要自住房增值的部分免税;②有收入的出租房屋增值部分要交一定的税金。

购买物业经营或出租

经营或出租的收入用来还清贷款及其他费用。以后转卖物业,房产本身及增值部分就是一笔相当可观的投资回报。

低价购买旧房

翻修后转售,扣除装修费用及税费,赚取其中的差价。

选购位置好的地块或旧房精心设计装修,再建新屋出售,投资回报率很高。

第四章

Orientation to Candian Business and Cultural Practices

安全舒适的生活

购买期房

付定金获得新盘，房屋建好后出手转卖，会有利润。

购买公寓房

委托管理出租，房价上升时，转卖升值。

购买工业用地

申请重新规划，做商业出租，利润颇丰。

投资置业分析

(1) 在加拿大进行房地产投资须有独到眼光，如以大量资金投资房地产市场，则应着重在房地产市场细分市场内，真正有自己的特色和竞争优势，在投资前应该有相当正规的投资可行性分析和科学论证；

(2) 抓住加拿大经济发展中的热点，相应开发房地产市场：

(3) 房地产市场与宏观经济一样也有景气循环，一般最好选择在经济回暖时投资房地产，也可以经济下降至谷底时收购空置物业；

(4) 一般而言，房地产投资在所有的投资工具中风险水平在中到高度，房地产流动性差，正常出售也须数月之久；房地产周期较长，解套须等待很长时间；在低租金时期，房屋日常收入可能不及各种物业管理费用；

(5) 许多人投资置业过于着急，没有冷静分析市场，也不愿花钱请业内人士帮助调查，最后投资套牢，由于物业和中介费用很高。为节省中间费用，供需双方直接洽谈，可能不能达到最好价格，或者挑选的物业不如意；

(6) 如自己没有时间照顾物业管理，则应聘请专业物业管理公司代管；

(7) 如果自己经济能力有限，可尝试杠杆式物业投资，投资者只以物业总价值的一定比例（如25%）作为首期投资，便可享有租金收入和资本增值，在操作上是由专业物业投资或管理公司承担，投资者认购的物业交其管理，物业出租的收入在支付完按揭款和管理费用后，以及地税、维修费、物业增值税，剩余收入和资产属于投资者，该投资的风险在于空置率高和租金水平下降；

(8) 与房地产相关的证券是可以淘金的领域，这些证券包括房地产公司股份、上市房地产公司股票、房地产投资信托、按揭支持证券、按揭基金、按揭债券和房地产基金，如果您能精于此，还是会有收获的；

(9) 注意享有和充分利用收益性物业投资中贷款利息和投资损失减税的好处，但相应的出售收益性物业的投资增值则应纳税。

第四章

Orientation to Candian Business and Cultural Practices

安全舒适的生活

自用置业分析

(1) 一般利用按揭贷款购买物业，按揭水平以个人和家庭的收入和储藏的金融资产来测算，量力而行，如果不当，购买房屋的还款计划或者按揭还款可能成为家庭财务的巨大包袱，甚至导致个人和家庭破产；

(2) 积累足够的首付款，首付款越多，贷款利率和手续费越低，对首次购房者，可低至5%的首付，但是需要购买房屋贷款风险，首付款较低，可能随后的贷款利息要高得多，所以要权衡首付款高低利弊，以及其它投资的收益率和按揭利率比较；

(3) 选择合理的抵押贷款方式和年限；

(4) 在加拿大购房过程中不一定一次就买到合适的房屋，可分步到位，逐步以小房换中房，中房换大房，到满意的房屋为止；

(5) 注意享受和充分利用家庭主要居住物业销售的资本增值免税好处，但是主要居所的按揭利息不能抵税。

购买住宅程序

(1) 选择一个有经验有耐心熟悉当地市场情况的正派房产经纪人。可请朋友和行业协会推荐几个经纪候选人，跟他（她）们面谈后决定聘用其中优秀者；（加拿大人购房通常通过地产代理公司，其收费由卖方支付，既然买方不用付佣金给经纪人，所以买方一定要自己聘用经纪人来保障买方的利益。

(2) 评估自己的供款能力，与有关银行联系和商谈，预先确定是否可以按揭和可能的额度，作出一个相对详细的预算方案；

(3) 考虑各种物业、邻居和小区的类型以及优缺点，考虑新房屋或二手房，新邻居还是老邻居等；

(4) 列出一个购房需求的清单说明哪些是必须有的，哪些是可有可无的，另外也要考虑房屋的特性、风格、大小、座落和朝向等；

(5) 寻找可能购买的房屋并实地考察把看过的房屋情况纪录下来比较每个房屋的优缺点。挂牌出售房屋通常在周末对外开放，可要求代表自己的经纪人一同去看周末开放屋。

　　(6) 我们不建议买家聘用值班经纪买屋，因为代表业主的经纪将业主的利益放在首位。如果买家直接与业主经纪联系，到写协议书的时候，买方经纪有可能不能代表自己的买家。买方利益没有好好地照顾到。另外，买方更不应该直接与业主讨论其房屋；

　　(7) 不要急于作出决定，一定要花时间了解市场和考察各种物业。有可能经纪人会带着看十几个甚至几十个地方，也只有多看经纪人才能了解审美情趣和口味，推荐的房屋更有针对性。

(8) 买卖双方都可互相讨价还价和提出反建议，直至达成协议为止，建议书有改动，买家可以聘用律师审阅过才签名。一般的合约是由买方经纪准备并向买方解释，买方经纪有责任保障买家利益。所以一般买家不必每次更改合约都找律师。建议同一时间内只可签一份还价建议书。因为每一份买卖合约都有法律的约束力；

(9) 请地产代理准备买卖合约，小心研究所有细节，肯定所需的各项条件都在合约内，如交房日期、照明、家用电器、窗帘及地毯等；此份买卖合约应该是有条件的合约，一般卖方容许买方有一星期左右时间去办理银行贷款、验屋、核查有关文件等等。在指定时间内如果买方满意所有资料，有权取消条件此买卖才正式落实，否则合约作废；

(10) 在签名前可以请律师审查，以确保自己的法律权力受到保障。在建议书上签字后，地产代理把它交给卖方。当买卖双方同意并签署后，建议书便成为合法而有约束力的合约；

(11) 找到合适房子后，雇佣一个好的房屋调查员，考察房屋内所有结构和设备使用情况并纪录成册，这对旧房子更有必要。不要轻易相信卖方的检房报告；

(12) 合约生效后，按进度支付款项。

购房费用

　　(1) 首期款项

　　一般首期款是物业成交价的**25%**。不够该比例时需要支付很高的按揭利率，另外支付给政府机构（**CMHC**）或（加拿大房贷保险公司**MICC**）担保的保险费（以及申请费法律费）。对初次置业者首期款可低至**5%**。

　　(2) 订金

　　一般是房价的5%或以上，订金是存放在买方经纪公司的信托户口或律师的信托户口。在签还价建议书时支付，成交时再转入首期内。

(3) 法律费用

购房过程中许多文件都需要地产律师先予审查，并复核屋契，处理有关物业的法律细节。

(4) 验屋费

一般买屋合约内都注明是有条件买屋的，业主通常允许买家用大概一星期时间去调查房屋情况，在这一星期内，买家可还价前聘请独立验屋公司或调查员评估房屋结构状况，检验后可知需要修补的地方及花费。

(5) 房屋按贷款费用

需要支付房屋的估价费、房屋按揭贷款费及利率调整支出。

(6) 物业保险

房屋必须购有火险才能按揭。

(7) 交易税

买新房屋须支付货品与服务税（GST），为成交价的6%，对总值不超过45万的主要居住物业，可获得部分或全部GST退税，如非第一次置业人仕，买方需付物业转让税。

(8) 卖方的调整

买屋的一方有可能要归还卖方某些支出，如该年度部份物业税设施维修等。

(9) 物业税

业主有必要依物业估价每年向市政府交税。

首期付款计划

RRSP首期付款计划是指,每个家庭夫妻双方(包括同居夫妻)可以从各自的RRSP帐户中取出$20,000用于房屋首期付款。一个家庭一共可取$40,000,而不涉及税收和利息,但受如下条件限制:

只适用于首次购房;必须从取款之日的第二年开始还款;还款最长不能超过15年;每年还款不能低于取款总额的1/15;不能达到最低还款额的部分计入当年收入纳税。

按照RRSP首期付款计划的规定,只要RRSP帐户开设3个月以上,便可从中取款,这一规定可以让您不费吹灰之力资产增值许多。具体操作方法如下:

如果您已打算在半年内买房,可马上开设一个 RRSP 帐户(注意一定要是短期GIC)。前提是您手中有$20,000现金,并有足够的RRSP空间。假定您的边际税率为45%的话,将会得到$9,000的退税,$20,000现金变成$29,000。

房屋买卖税目

房屋买卖主要有以下三种税收:

地产转让税(Property Trasfer Tax) 由买方在办理产权过户时缴纳;

物业税(Property Tax) 由房产所有者每年按时缴纳;

增值税(Income Tax Concering Capital Gain) 卖房者销售房产所得的增值部分应缴的税。

购房须知

首先,要考虑自己的经济能力。当找到合意的房屋之时,你便要向屋主开价和提出你买屋的其他条件。一般情况之下,这些条件会由地产经纪书写,交给你签名,即所谓"买卖合约"。

第四章

Orientation to Candian Business and Cultural Practices
安全舒适的生活

很常见的问题，是开价时只留意价钱的问题，而忽略了列明其他的条件。一旦屋主接受了你的开价或还价，你开出的那一份合约便成为有法律约束力的合约了。所以，在你签报价开价之前，先要细心考虑你需要列出的所有条件。

如果你对自己的观察不够信心，也可以提出在指定的时间之内，由你聘请的专业验房师去仔细地为你检查那房屋，看看有什么需要维修的地方，同时估计维修的费用；

如果你觉得有一些维修的工作，是要卖方负责修理妥当，然后才成交的，便应该在开价书上清楚地列出维修项目，并且订下一个价值。一旦卖方不能在成交之前完成维修的工作，便由买方从成交价钱中扣除预定的维修价值，作为赔偿；

如果你向承建商买入新建的房屋，便应该询问该承建商是否有为所建的新屋购买保养计划（new home warranty program）。这是一项类似保险的计划，比较承建商自己作出的保证要可靠得多；

如果你买的是分契楼宇（condominium），便应该要求卖方列明该单位每月要交纳多少管理费；要求出示该楼宇业主法的管理细则（bylaws），以查阅可有限制出租，禁止养畜等条例；并且要求卖方保证该业主有无特别费用（一般都是为了应付大规模的维修计划而设）。

如果你买的房屋是出租的，而你又需要自住的话，便要列明卖方必须在成交日之前，促使该租客搬出，而且要让你在该租客退出之后和成交之前再检查一下该房屋的状况。

一般来说，买房屋，尤其是出租的房屋，在交收之后，总会发现有损坏的地方，是在看屋时没有留意到的。除非有很清楚的证明，指出那些损坏是在看屋之后发生的，否则很难追究。

当你已经签了买屋的合约之后，便应及早通知你的律师为你处理产业转名的手续。一般来说，最好有至少两星期的时间给你的律师去做这工作。工作内容包括：

调查产业权：在卑斯省土地的产业权是用注册的办法，在省内割分了土地注册区域，每一个区域内的土地割分为一个一个可以转让的单位，英文叫lot。每一个单位的地主的姓名都

在该区的土地注册处登记起来。同时，这块地若有什么按揭（mortgage），或由法庭判决的签款（judgment），或有关该地的产业权的官司（pending litigation）等等，都会在土地注册处登记。你的律师会替你调查土地注册处的记录。

调查市政府收的地税：每一块地的地主，每年都要向市政府纳地税。在温哥华，地税分两次缴交，2月初和7月初是缴税的日期。交的地税是由1月1日至12月31日的，而二月份所交的税并不是全年的二分之一，而是大约为全年的三分之一。

如果不依时交税，便要付罚款（penalty）和利息（interest）。如果那块地上的房屋是那地主的主要居所（principal residence），那么每年的地税可以减收部分，称为home owner's grant，这减收的数目在某些情况之下会增加或减少。你的律师的责任是替你调查这地税是多少，有没有欠款。

调查租客问题：如果你买的屋是有住客会留下来的话，律师应该查清楚租金的数目，租约的年期，有否预交了担保金（security deposit），租约的其他条件，如维修的责任，付地税的责任等。

收费问题：律师会根据调查得到的资料，计算出你在成交日（completion date）应该交给你的律师的钱是多少，包括了地税的调整，物业转让税（property transfer tax），律师费及其他费用等，然后通知你在成交日之前一天，用保付的支票（certified cheque）或银行汇票（bank draft），交给你的律师。

签署文件：你的律师会预备好所有转让产业权所需的文件，交给买方签署。卖方应有自己的律师代表，而不应用买方的律师，以避免利益冲突。

及时买齐保险：在买房屋的手续未成交之前，安排买房屋保险，包括火险、抢劫、盗窃等，应该买广泛式的保险（comprehensive form），虽然是比较昂贵一点，但保障最好。

保险应包括房屋本身，和屋内的家私和财务。还有第三者保险（third party liability），即是说如果有人在你的地上由于你的疏忽而受伤，例如在冬天，你没有清扫门前的积雪，而报童在你门前滑倒而受伤，你在法律上可能会有赔偿的责任，这第三者保险便是为了应付这

第四章

安全舒适的生活

些情况的。

一般来说，你的保险应该在成交日的前一日开始生效。你应该请你的律师特别代你留意一下你的买卖房屋合约上注明的保险责任承担日期是哪一天，偶然有可能会注明这保险在你签署买卖合约那一天便由买方承担的，如果没有及早查清楚便可能造成很大的损失。

如果你向银行贷款买屋的话，银行必定要你在成交前提供已经购买保险的证明（insurance cover note），同时要证明该银行是保险的第一受益者（first loss payee）。

新屋应扣一成建筑费：新建筑的房屋，如果是刚在成交之前完成建筑的，根据法律，买方应该在付款时扣取建筑费（value of improvements）作为新屋建筑抵押金（Buiders Lien）的10%，以保障建筑工人的工资，建筑材料商人和分判承建商（subcontractor）所应得的付款。

DIANA

温哥华的Diana Chan女士专业代客买、卖及投资大温哥华房屋地产。累积了十多年的宝贵经验。精通国、粤、英语。一直得到中、外客户的信任和支持。多年来荣获大温哥华地产局的"金牌经纪"奖及麦当奴地产公司的"最优秀地产经纪"奖。

Diana 在香港长大，接受英式教育。毕业后任职香港渣打银行10年，后在香港经营出入口生意。于1990年与家人移民加拿大温哥华市，并创立自己的房地产事业，同时培育2个女儿在加拿大完成大学课程。所以对新移民在外国扎根和发展有极深的体会和经验。在协助客户买、卖及投资房地产时更能给予专业、实际和准确的意见。凡事从聆听开始，Diana 首先了解每一个客户不同的需要。凭着十多年丰富的地产经验为业主和买家争取最高的权益，协助业主以最高价钱出售物业。同时协助买家找到升值潜力高，全家满意的居所和投资项目。

Diana 多年来对客户所持守的服务精神是"尽心尽意，全情为您服务"（To Serve You With My Heart!）。Diana 不单是一个实事求是的地产经纪人，更是每一个客户的好朋友。一个能处处为您着想，以您的利益为本的专业地产代理人。

温哥华多年以来都被评选为全世界居住条件最好的城市。近年更取得2010年的冬奥会主办权。越来越多的工作机会吸引来自各省份的专业人士前来温哥华工作。来自亚洲的新移民带来宝贵的人才和商机。温哥华的优良教育制度和系统吸引很多来自世界各地的年轻人前来求学。还有来自不同国家的投资者亦进军温哥华的房地产市场。加拿大银行利率低、天然资源丰富、能源廉价，加上种种因素都令温哥华的房地产有明朗的前景。

温哥华的住宅房屋一般分为高层公寓（High Rise Apartment）。木结构低层公寓（Low Rise Apartment），城市屋（Townhouse）和独立屋（Detached House）几种。不同的房屋在不同的区域有不同的特质。价钱也有差别。Diana 乐意向您提供一切有关温哥华的房地产资料，更盼望与您在温哥华见面，为您送上最专业的服务。

电邮： dianachan@mail.com
手提： 604-377-2329
传真： 604-275-7897
网页： www.dianachan.com

第5章

方便快捷的服务

四通八达　畅通无阻的道路
方便安全　无处不在的银行
度假者的天堂

Orientation to Canadian Business and Cultural Practices

加拿大
Orientation to Canadian Business and Cultural Practices
商务与生活指南

一、综述

加拿大服务业近年发展较快而且范围较广，主要包括交通运输、商业、各级政府部门提供的社会服务（如卫生、福利、教育）、金融、保险和房地产业等。

加拿大交通运输业十分发达，已建起由铁路、公路、水运、航空和管道5个部门组成的现代化交通运输网络。

加拿大有健全的金融系统，对居民的理财服务完善周到。金融业传统上有4大支柱：银行、信托公司、保险公司和投资公司。联邦和省政府的金融法规决定了它们各自独特的领域和作用，但近年来，它们相互渗透，共同充当金融交易媒体。

第五章
Orientation to Candian Business and Cultural Practices
快捷方便的服务

二、交通运输

　　加拿大交通发达，政府为打造"太平洋门户"，在加拿大西部投下巨资，改造并扩建航空港、海港及铁路，使亚洲与北美洲连接更加便利通达。从太平洋东岸的维多利亚到大西洋西岸纽芬兰的圣约翰斯公路，是全世界最长的国家级高速公路。圣劳伦斯运河是世界最长的运河，具备输送石油、天然气与水的管道总长196000公里，是世界第二长的管道系统。

　　在加拿大最常用的交通工具是汽车，在当地的驾驶员教育中心有《驾驶手册》，通过它可以熟悉加拿大的交通信号、交通规则等。加拿大的道路行驶要求与我国一样，左侧驾车，靠右行驶。各种各样的交通工具都有，尤其是汽车。

公交交通工具

公共汽车、电车和地铁

大多数城市有完善的交通体系。在大城市，如蒙特利尔、多伦多和温哥华均有各种各样的交通工具，如公共汽车、电车、地铁和火车。温哥华还有空中列车和轮渡。

公共汽车和电车一般按固定路线行驶，沿线每隔几个街区即设有车站，一般设在十字街口附近，设有站标，标明是几路车停在这里。

出租车

在加拿大街头随处可见，招手即停。你还可以按黄页打电话给出租汽车公司叫车，或者提前预约，出租车可按照约定的时间地点等候。除了车内计价器上显示的车费外，一般还要另给小费（10%～15%左右）。一般来说，除了有特殊事件，很少用到出租车，因为家庭轿车很普及。

私家车

加拿大幅员广阔，因此多数加拿大人认为，最方便的交通工具还是拥有一辆自己的汽车，这对出行非常方便。加拿大的合法驾驶年龄为16岁。

购买汽车可向代理商或私人购买汽车。加拿大设有专门的汽车协会，即CAA，该会会员可享受24小时紧急道路服务，代上保险，提供地图、旅游图册及车辆测试等服务。具体情况可致电地区的"CAA会员服务处"查询。

汽车保险可分为两种：人身保险和物业保险。人身保险是任何一个车主都必须向汽车保险公司投保并交纳保险费的险种。若发生事故，保险公司都赔偿。物业保险是非强制性的，但可在大多数的私人保险公司买到，主要承担造成事故车辆的赔偿。

应对交通事故

涉及交通事故者，须向相关部门报上姓名、地址及电话号码、该车注册的车主姓名和地址、车牌和行车证号码，以及保险公司和保险代理的名称和保单号码等。

如有人受伤或损毁大，应立即拨打911报警。

第五章
Orientation to Candian Business and Cultural Practices
快捷方便的服务

如已报警，应留在现场，直至获准离开或已完成各项法定手续为止。

如有必要可采取下列步骤来保护你自己：记录各个证人的姓名、电话和地址；切勿在意外现场承认过失或接受责备。

冬季驾车须知

加拿大冬季漫长而寒冷，在冬天驾驶，汽车性能的可靠程度及驾驶员的安全驾驶至为重要，任何细微的机械故障或驾驶错误都可能造成紧急状况。足够的知识和事先的计划可以大大降低交通故事发生的可能性。

当您要开车去较远的地方时，最好首先按电话簿蓝页列载的公路资讯号码查询您所要前往地区的道路情况。另外，防冻液是冬天所必须的，特别是在严寒的时候，汽油喉管和水槽亦需要防冻液。油站有防冻剂出售。轮胎视你所用轮胎类型而定，必要时换上雪地专用轮胎。

三、金融理财

　　银行、信托、保险和证券投资构成加拿大金融服务和家庭理财的主要内容。

　　加拿大最早的银行是1817年成立的蒙特利尔银行。1997年加拿大拥有9家国内银行和41家外国银行。其中6大商业银行在全国各地有8000多个网点，掌握了90%的银行资产，它们是蒙特利尔银行、新斯科舍银行、加拿大帝国商业银行、加拿大国家银行、多伦多自治领银行和加拿大皇家银行。

　　加拿大银行在世界60多个国家有300多家分支机构。虽然商业银行85%的工作岗位在国内，但其利润的40%来自国外的业务和投资活动。1997年蒙特利尔银行在中国设立办事处，并在北京召开了董事会，这是这家银行180年以来首次在北美以外的地方召开董事会。

　　1878年成立的多伦多股票交易所，截止到2000年底，上市的公司有1400多家，股票近2000种。其中300种股票综合指数是了解加拿大股票市场的重要依据。温哥华股票交易所建立于1907年，1997年交易额87亿加元，它以对中小企业进行风险投资而闻名世界。

　　蒙特利尔交易所主要经营贵金属（黄金、白银和铂）及期货交易，1997年有570多家上市公司。1999年温哥华和阿尔伯塔的股票交易所合并成为加拿大风险交易所，合并后成为加拿大第二大股票交易所和最大的二级市场。目前在风险交易所的上市公司主要是中小企业。

银行服务

　　加拿大的金融业非常发达，各大银行的分行遍布城市各主要街道，为客户提供多种服务。各分行的营业时间各不相同，通常来说，多数银行的营业时间是每周一至周三，上午9点至下午4点；周四和周五营业至5点或6点。许多分行在星期六也营业，不过通常只有上午半天。银行的自动提款机提供24小时的服务。

　　新移民到达加拿大后，应尽快开设银行帐户，以避免随身携带大量的现金，同时也方便较大笔消费（如房租）的支付。

　　加拿大的三大金融机构都提供存款及贷款服务，但各有其侧重面。三大金融机构是：银

第五章

Orientation to Candian Business and Cultural Practices
快捷方便的服务

行、信托公司和信贷联盟。

银行的私人及商业金融服务最全面，而且有国际联系；信托公司与信贷联盟的存贷服务面较窄，但会提供一些比较有吸引力的存款项目，或适合个别行业（如地产业）及地区的金融服务。

加拿大的主要银行有：蒙特利尔银行、皇家银行、道明银行、加拿大帝国商业银行、新斯科舍银行等等。

另外香港汇丰银行也可以为华裔提供方便优质服务，也是很好的选择之一。

加拿大银行开户采用实名制。开户者必须出示本人证件。过去在国内看有些小说、电影里描写的假名开户，在北美是完全不可能的。加拿大境内的大多数银行不给临时过境的外国人开银行帐户。银行帐户可以是联名户，例如夫妻二人都有权写支票和处理有关该帐户的事宜。

加拿大无论在银行服务、税制及投资环境等方面与中国不同。选择银行应从以下几个方面考虑：实力强（最好是以上五家银行之一）；离自己的住所或者工作单位较近；签发支票、存取款收费较低；营业时间灵活，有昼夜的自动存、取款机。有些银行在华人聚居的温哥华、卡尔加里、埃德蒙顿、多伦多、渥太华和蒙特利尔等城市还提供中文服务。选择一家在加国根基深厚、信誉卓著的银行阁下将可安枕无忧。

蒙特利尔银行

  蒙特利尔银行是加拿大的第一家特许银行，于1817年11月3日开始营业。蒙特利尔为加拿大提供了首批健全而充裕的流通货币，并在加拿大的发展中不断担当重要角色。在1880年代，蒙特利尔参与资助兴建第一条横垮加拿大国境的铁路。于1867年，曾参与建立加拿大联邦，同时担任加拿大中央银行直至1953年。蒙特利尔是首间在海外开设分行的加拿大银行，而且一直活跃于欧洲、拉丁美洲、东亚洲以及美国等市场。时至今日，蒙特利尔继续发展成为加拿大最卓越的财务机构之一，而且在美国及世界各地市场占有重要地位。

  蒙特利尔北京、广州及香港分行均可以协助您在离开前预早安排加国银行服务及其他服务咨询事宜。令您们在前赴加拿大发展前作好准备，更可避免阁下到达后费时奔波。我们在华人聚居的城市如温哥华、卡尔加里、埃德蒙顿、多伦多、渥太华和蒙特利尔等，有超过100多间可提供中文服务的分行。分行职员来自中国、香港和台湾等地，均为当地精英，不但熟悉加拿大情况，更了解华人客户在财务方面的需要。另外分行内均有中文标志、中文表格、中文服务小册子及中文显示柜员机。我们的目标是竭尽所能，为华人客户提供多元化的个人银行服务。

  主要服务有：协助开设加国活期储蓄及支票户口，协助开设定期存款户口，协助安排全国分行通用的提款卡，协助安排申请加国之万事达咭信用卡。

  协助承办加国房屋贷款服务。一般情况下，新移民只须付30%首期便可获屋价之70%贷款买屋。

蒙特利尔银行香港分行
地址：香港中环交易广场第一座3606室
电话：(852)2522-4182
传真：(852)2810-4520
电邮：enquiry@bmo.com.hk

蒙特利尔银行广州分行
地址：中国广州流花路109号达宝广场1203室
电话：(8620)8669-5148Ex.218
传真：(8620)8669-5149
电邮：mgubmo@public.guangzhou.gd.cn

蒙特利尔银行北京分行
地址：中国北京市东城区东长安街1号东方广场-东方经贸城东1座1502室
电话：(8610)8518-8166Ext615-619
传真：(8610)8518-8169
电邮：bofmbj@public.bta.net.cn

蒙特利尔银行上海代表处
地址：中国上海市黄浦区广东路689号海通证券大厦3208室
电话：(8621)6341-0555
传真：(8621)6341-0551
电邮：bofmbj@public.bta.net.cn

第五章

Orientation to Candian Business and Cultural Practices

快捷方便的服务

帐户分类

支票帐户：是处理日常银行帐项交易需要的主要帐户。有些支票帐户不付利息。

储蓄帐户：所有储蓄帐户都有利息，但利息率一般并不相同。

消费付帐：加拿大人通常都使用信用卡，直接扣帐卡或支票进行消费而很少用现金。

信用卡：用信用卡购物，可以延迟付款时间，但是如果不付清帐单，信用卡征收很高的利息。

直接扣账卡：购物时使用此卡，银行会立即在你的帐户内扣钱。

支票：当你开出一张支票，你即指示你的银行按照支票上的金额付款。

自动柜员机

不少银行、信贷公司及一些信托公司都设有电子银行机，您会在百货公司或便利商店见到这些自动柜员机。您可以使用您的直接扣帐卡和密码（PIN）通过这些自动柜员机提款或存款，也可缴付账单或转到其它帐户，非常便利，24小时使用。

电话或互联网办理银行事务

您可以通过电话办理一些银行事务，例如转账、缴付帐单。也可使用互联网，在家中办理银行业务。

投资保值

定期存款与GICS 定期存款或简称GICS的利息比储蓄帐户高。当您用定期或GICS的形式存款，您必须把款项存够一段协议的期间（1个月至5年不等），在某些情况下，您可能不可以在到期前提款。

加拿大储蓄债券与短期国库债券 您购买加拿大储蓄债券与短期国库债券，即是贷款予政府；由政府给你支付债券的利息。

注册退休金储蓄计划RRSP RRSP是一项为你退休而准备的投资计划。它可以减少你每年缴税的金额。如果您因工作或做生意而有收入，你就可以把部分收入投资在RRSP内。如果您在退休之前把这笔钱取出来，到时候您就要立即如数缴税。不过，如果那时您的收入很低，则要缴的税款亦相应较少。

较大规模的投资：您可以购买股票、加入互惠投资基金或以其他形式投资。

保　险

　　加拿大是发达国家，保险业发展成熟，而且与金融业结合紧密。私营而较大的保险公司提供的主要是人寿保险、储蓄和投资性质的保险计划；另外还有很多的零售保险公司，提供财物、房屋、旅游、特殊医疗服务等保险。

　　保险（insurance）的原理是由众多的购买者每人付出为数不多的保险费集中在保险公司的手中，保险公司通过投资增值，以支付少数受保者不幸蒙受损失时需要的补偿。通过保险，受保者把个人的风险转移到保险公司。保险公司凭着对受保者和风险的评估，计算出需要收取的、足以谋利的保险费。

　　因此，申请购买保险时，填报的资料必须绝对正确。如果在受保时期中受保者的情况有关键性的改变，受保者有责任通知保险公司，否则其所买的保险可能由于虚报或隐瞒而失效。

　　例如：买人寿保险者隐瞒有重病症，买房屋保险者把房屋空置或出租一段时间而忘记通知保险公司，买汽车保险者虚报汽车用途只是工具使用等，都可构成保险公司在受保人索取保险赔偿时拒绝付款的理由。

　　这些案件，一般都是在索偿时，经保险公司调查而发现受保人曾经虚报、不报或隐瞒事实，在这些情况下，受保人不但得不到赔偿，他以往所付的保险费都白付了，是不会退还的。

四、旅游娱乐

　　加拿大旅游的最佳季节是5月到10月，在这段时间可以体会加拿大独特的清凉夏季和枫叶般艳红的秋天。

　　加拿大是世界最著名的旅游地之一。有很多著名景点，如位于BC省的维多利亚岛，加拿大和美国交界的尼亚加拉河上举世闻名的尼亚加拉大瀑布；位于纽芬兰省圣约翰斯港的锡格纳尔山；位于新斯科舍省哈利法克斯的城堡山上的哈利法克斯城堡。

　　加拿大每年吸引大量的中国商务人士前来旅游观光，中国和加拿大已经签署了旅游协议，相信在不远的将来，中国更多企业家可以前来加拿大参观学习。

丰富的旅游资源

　　巍峨的群山、茫茫的林海、无垠的草原、秀丽的河湖、广袤的雪原、丰富的动植物资源，都是加拿大的旅游资源。

加拿大
Orientation to Canadian Business and Cultural Practices
商务与生活指南

加拿大的国家公园系统是由联邦政府规划的，集环境保护、旅游观光资源利用、科学研究、科普活动于一体。

目前全国已经有39个国家公园，这些公园最大的有4.4万平方公里，最小的只有8.7平方公里。班夫国家公园是1885年最早建立的国家公园，位于阿尔伯塔省。各省和地区还有自己的省级公园系统。

目前加拿大已经确立的有849处国家历史遗址、557位历史名人和324个历史事件的历史遗址。随着人们对历史理解的不同，历史遗址的范围也在拓宽。目前，这些遗址的设立主要有三个特点，即突出土著人历史、妇女的历史和民族文化社区的历史。此外，移民、对外关系、科技、艺术、建筑、渔猎的历史也受到重视。

洛矶山脉是加拿大境内最著名的山脉，也是著名的旅游胜地。高耸入云的山峰上终年覆盖着皑皑白雪，在蔚蓝色天空的映衬下，显得格外高远，令人心驰神往。山上有各种各样的树木，待到秋日来临，一片绚烂的色彩，可谓美不胜收。山间的河流、湖泊是钓鱼者的天堂，其间盛产鳟鱼、北极茴鱼及北美狗鱼等多种鱼类，即使最挑剔的垂钓者也会对这里赞不绝口。

在当年淘金云集的卡里卜高速公路附近，您可以在河边自己拿起铁皮盆体会一下淘金的滋味。虽然金子已经不多了，但是几个小时以后，您也许会淘出足够买饮料的黄金呢！

在加拿大西部，横跨不列颠哥伦比亚省和阿尔伯塔省的交界处，有世界上最大的两个自然保护区—班夫和贾斯珀国家公园。这里有高耸

第五章

Orientation to Candian Business and Cultural Practices

快捷方便的服务

加拿大
Orientation to Canadian Business and Cultural Practices
商务与生活指南

的山脉，绿色的森林，湍急的河流和宁静湛蓝的湖泊。

在班夫国家公园中有著名的露易斯湖。水平如镜的湖面，倒映着周围白雪覆盖的群山。优雅而闲静的环境使人感觉仿佛置身于世外桃源。此外，这里还聚集着很多野生动物，温驯和善的麋鹿，憨态可掬的狗熊，随时会出现在你照相机的镜头里，让你感觉自己已融入了大自然的怀抱。

几乎已经成为加拿大标志的尼亚加拉大瀑布在靠近加拿大南部的安大略省境内。作为世界第一大瀑布，尼亚加拉大瀑布确实是气势宏伟，壮美绝伦。她横跨了加拿大与美国的边界，水流量为世界瀑布之最。狂泄而下的水流激起了大片的水雾，折射出绚丽的彩虹。

千岛湖是加拿大著名的旅游胜地。湛蓝的湖面，映衬着白云的倒影。许多小岛如繁星般散落其上，宛若童话中的仙境。每个小岛上都有不同风格的建筑，掩映在绿树中，充满了异国情调。千岛湖桥横跨美国和加拿大的边境。是两国最著名的私人别墅区。在千岛湖的伊微里（ivylea）有一座连接加拿大和美国的国际桥，横跨千岛湖上。这座桥的中央就是两国的分界，上面还设有无人值守的海关呢！

第五章
Orientation to Candian Business and Cultural Practices
快捷方便的服务

旅游注意事项

旅游证件 为便于过境时各地海关查阅，应将护照、机票等各种证件随身携带，切勿放于行李箱内。

行李 手提行李每人限两件，三边之和不能超过112厘米，重量不超过10公斤，托运行李每人限二件，重量不得超过23公斤（三边之和不能过158厘米）；新移民托运行李每人二件，每件重量不得超过23公斤。行李由本人托运，国外机场、饭店使用搬运员，由本人付小费，一般每人2美金；请记住不要帮助别人带行李，下飞机后取行李时，请务必不要拆掉行李条，因航空公司的规定，自带和托运行李的规格和重量都有可能会调整，建议您出发之前与所购机票的航空公司联系，得到最准确的信息。

海关 加拿大海关检查非常严格，严禁携带水果、肉类、动植物和违禁品。

边检 加拿大边检所提问题，请按照领队要求回答，入加拿大境时回答移民官问题时，解答不了的请领队回答；出入境请排队，按顺序办理通关手续，不得大声喧哗，礼貌回答问题。

国人随团入境加拿大后务必将海关所发入境卡交领队。

其他注意事项：

时差——温哥华比中国晚16小时；多伦多比中国晚13个小时。电压——加拿大电压为110V。饮用水——饭店内没有热开水，喜欢喝热茶的人，可自带热水杯。电话——往中国打电话最好买电话卡（酒店电话很贵），电话卡反面有使用说明。税金——购物及餐厅用餐均须交纳15%税金。

加拿大是个疆域辽阔的国家，从东到西有7000多公里，城市距乡镇较远。在你准备出去旅行时，最好向他人问清要去的地方有多远，这会有助于你选择最佳的交通方式。

如何在城市间旅行取决于你有多少时间和准备花多少钱。一般讲，越慢的交通方式越便宜。如需了解发车时间和票价，可打电话到汽车站咨询。有关火车和飞机的信息则可打电话到火车站、机场或旅行社。旅行社提供的咨询服务是免费的。

在加拿大境内旅行不需携带护照或通行证。尽管这样，你最好还是带上两件能表明你身份的证件，常用的证件有：一本驾照（驾驶时必须带）；永久居民文件或公民卡；社会保险（SIN）卡；出生证；信用卡。此外，带上在你偶遇意外事故或其它紧急事件时可联系人的姓名和电话。

休闲娱乐

作为旅游大国,加拿大不仅风光迷人,各类休闲娱乐服务设施也很齐备。因此,游客每到一地,在欣赏风景探访民情的同时,还可以参与各式各样的休闲娱乐活动。

滑 雪

加拿大得天独厚的地理环境,被爱好滑雪者视为天堂。而最好的滑雪场,几乎都集中在加拿大洛矶山区。各场地的设备大都非常齐全,设有升降机等。从适合初学者到需要高度技巧的专用场地应有尽有,路线极富变化,可依自己的技术选择适合的路线。 游览季节和滑雪季节:11月中旬~4月中旬。

划 船

 在加拿大的国家公园内,非机动性的船只可以在大部分的湖泊及河流中划行。在许多著名的湖畔例如阿尔伯塔省内的露易斯湖和梦莲湖都可以租到独木舟和小船。有动力的船只则有地区的限制。例如阿尔伯塔省内,只能在密勒旺卡湖、华特顿湖及金字塔湖中使用。

加拿大
Orientation to Canadian Business and Cultural Practices
商务与生活指南

钓 鱼

加拿大许多的河、湖、海都是优良的渔场，依季节、地域的不同，鱼类也不同。海中有鱿鱼、大鲑鱼和鳕鱼，淡水则有各种鳟鱼、嘉鱼以及梭鱼等。钓鱼需遵守各省的法律，要事先取得许可证。各省规则不同，每一省内也依河川、湖泊不同而有不同的规定。

健 行

健行在加拿大也是一项非常普遍、适合全家大小的休闲活动。加国居民热爱自然环境尊重生命，从国家管理的公园到地方公园所规划出来的健行区都成为徒步旅行者的天堂。

若想入山的徒步者需要向公园管理中心申请免费的入山许可，在熊经常出没的深山中必须知道如何求生，由于山中的积雪终年不化，所以轻便耐用及防水的装备及炉具是不可缺少的。

骑 马

加国有许多大大小小的马场不胜枚举，也有各种骑马的训练课程，可以让初学者以及高阶者皆能享受骑马的乐趣。大部份的马场都会提供各式各样的骑马课程，像西部牛仔或英国贵族式的骑术训练。如果你只是为了来寻求纯骑马的乐趣，马场也有各式各类的观光式的行程包装。

高尔夫

加拿大有许多风景优美的高尔夫球场，如班芙的春泉高尔夫球场（Banff Springs Golf Course）是全世界十大风景最优美的高尔夫球场之一。

虽然球场是终年开放，但每年的4月至10月是最适合挥杆的季节。由于气候凉爽，既使是夏日打球也如同在冷气房里一般不容易流汗。公立高尔夫球俱乐部对一般民众开放，私人高尔夫球

第五章

Orientation to Candian Business and Cultural Practices

快捷方便的服务

俱乐部也有部分对外开放营业。通常必须电话预约，有的一周前，有的三天或一天前开始接受预约。一般而言，球场没有球童服务，必须租用球场的电动车或手拉车，也可以使用自己的手拉车搬运球袋。球场的收费大多介于$30 - $50加币之间，但是也有高达$100加币以上的球场。

爬 山

爬山是洛矶山脉最原始的休闲活动，一直持续到现在也依然风行。洛矶山脉涵盖了四大国家公园：班芙、杰士伯、优鹤、库特尼，还有其它一些省立的公园。露易斯湖和哥伦比亚冰原的附近山区正是登山者的最佳路线，而攀岩的最佳地点是亚姆斯卡山、瀑布山、露易斯湖及坎摩附近的山区。

狩 猎

加拿大是各种动物、野鸟的天堂，打猎的环境极佳。狩猎的动物有北美的麋、大鹿、美国麋鹿、黑熊等大型动物，另外还有雷鸟和鸭。

狩猎必需要有许可证，猎杀大型动物时需带有向导前往，有经验的向导往往很快就会被雇走，需及早联络。狩猎的季节依猎物和地域不同而异，大致在9～11月间。

手枪和全自动枪不准携入加拿大，至于来复枪、散弹枪和一个人带200发子弹是可免税带入的。不过入境时需申办种类及枪号，等出境时再接受一次检查。使用猎枪亦需取得省政府或省政府同级单位的许可执照。

第五章

Orientation to Candian Business and Cultural Practices
快捷方便的服务

五、法律服务

如何与警察打交道

生活在法制健全的加拿大，居民几乎每天都要与各类法律法规打交道。因此，法律意识是加拿大居民必不可少的素质之一。但对于很多普通居民来说，除了一般性法律常识外，一些精深的法律事务，还得仰赖那些专业机构或政府与民间的各类法律援助。

加国的警察部队，分隶三级政府。皇家骑警属联邦政府管辖，省政府和市政府都可以有自己管辖下的警队，但只有两个省自设警队，就是安大略和魁北克，而市警也不是每个市镇都有的。例如，在BC省就只有十二个市镇自设警队。温哥华有市警，但临近的本拿比、列治文等都依靠皇家骑警的服务。

聘用律师的秘诀

在聘用律师时，最重要的问题不是价钱而是信用，其次是才能，是沟通，最后才是价钱。

无论你所需要的服务是买一所房屋，谈判一份合约，追讨某一些权益，还是在诉讼中作出辩论，你的律师必须是你完全信赖的人。因为，他对你委托他办理的事的全部背景，认识越多越深便能够考虑得越周到而办理得越妥善。

找律师，一定要找可信任的，你才会放心地把所有资料和背景包括你的私隐也让他知道。

因此，找律师的途径最好是通过亲友或同事的介绍，找他们曾经聘用而认为可靠的。否则，凭自己去找，也应该像聘用高级职员一般，分别会见几位不同的律师，初步了解一下你要办的事，然后凭着你的眼光去判断选择。

与律师沟通的技巧

无论是哪一类案件，也无论事大事小，下面的一些基本原则，会有助于增进你和律师之间的沟通，甚至减低你的律师费用，提高法律服务的效率。

提高沟通效率

每次会见律师，都应该问清楚大概会在什么时候再联络。如果没有特别事，未到预定的时间最好不要随便打电话去询问，以免浪费大家的时间。如有资料要提供，或有问题想提出，又等不及下一次约见的时候提出的，最好先写下来传真给律师，让他先有所准备，然后再电话联络，更有效率。

律师的收费

初次会见律师之时，在初步了解律师之后，便是坦白谈律师收费的时候了。除了一般比较简单的法律手续，例如买卖住宅或注册公司之类，是可以预先定价之外，其余案件，例如谈判合约或进行诉讼，一般都会按照时间收费的。

律师会按照自己的经验和市场的规律去定他每小时的收费，由数十元一小时到数百元一小时不等。如果案件牵涉很庞大的利益关系，而律师的经验和能力可以对案件的结果有重大影响的话，顶尖的律师自然会要求顶尖的报酬了。

第6章

积极开放的移民政策

多民族 多元文化 无种族歧视
最人性化的移民政策 一人成功 全家移民
被誉为"移民的天堂"
中国企业家国际化发展首选加拿大

Orientation to Canadian Business and Cultural Practices

一、综述

近年来,随着人们生活水平的日益提高、全球经济迅猛发展以及人类对生活环境要求的提高,加拿大已成为人们移民的首选地。这里不仅仅有纯静透明的空气,没有被污染的大自然,还有人性化的生活环境及优质的教育系统、良好的投资环境、灵活多样的移民政策,这些都大大地吸引了世界各地的有识之士和精英人士,每年都有成千上万来自世界各国家的优秀人士前往加拿大开始自己崭新的生活,加拿大这块美丽的土地将会成为越来越多的人们所向往的地方。

二、移民加拿大的理由

中国企业家国际化发展首选加拿大

加拿大舒适的生活环境，完善的社会保障福利制度及先进的教育体系，吸引着来自世界各地优秀的商业人才。联合国数次将加拿大评为最适合人类居住的国家。到加拿大发展不是"洋插队"，移民决不意味着放弃在中国的事业。相反，移民加拿大带来更多的机遇及国际商务和生活上的便利。

加拿大加达国际商务投资集团，为加拿大联邦注册公司，同时也是加中贸易理事会成员。一九九四年经中国外经贸部批准在中国工商局注册成立北京办事处，现已取得了中华人民共和国驻加拿大使馆的认证，并首批获得由公安部、工商局颁发的因私出入境中介资格认证。集团由精通两国文化、政治的加拿大律师、中国律师、注册会计师、商务咨询顾问组成，专业从事加拿大投资定居、商务考察、中加商务的咨询与服务，具有丰富的专业经验。

十多年来加达集团协助众多的中国企业家成就了海外发展的梦想，包括在海外注册公司、注册品牌、国际资本运作、融资上市等，实现了企业国际化的发展目标。

加拿大加达国际商务投资集团
地址：北京市东长安街1号东方广场W3座306室
电话：010-85181906/07/08/09/10
传真：010-85181033
E-mail：cadavisa@cadavisa.com
Http：//www.cadavisa.com

一人成功,全家移民

按照目前的移民法,加拿大移民具有的特点之一是:"一人成功,全家移民"。

为了吸引国外的资金和管理经验,增加就业,加拿大联邦政府和各省政府出台了鼓励有资金、有管理经验的成功商业人士投资移民的政策。申请人只需满足一定的资金要求,无须精通英语或持有较高学历,就可以申请。

真正做到:一人申请,全家移民。即主申请人一个人的条件合格,其他家庭成员自动获得加拿大永久居民身份。

全家指配偶和子女。配偶及22岁以下的所有未婚子女都可以随主申请人一起提出申请,子女在将申请提交给加拿大签证处那天未满22岁,在拿到加拿大永久居民签证时依然未婚,或者他们已超过22岁时,但依然是学校的全日制的学生,且在获签证前仍在学校全职读书即可。如果该22周岁或以上的孩子中断全日制的学习,即有独立的事实,将会丧失与主申请人一起移民的资格。

全家成员不包括父母及兄弟姐妹。如申请父母移民加拿大,可在本人办理成功并赴加报到后再开始申请父母作为亲属移民,为父母申请家庭团聚。

第六章

Orientation to Candian Business and Cultural Practices

灵活多样的移民政策

  通常投资移民一定要选择一家实力雄厚、有经验的投资基金，加拿大美加宝投资公司可向您提供这样一个平台。

  美加宝投资公司（ACIC）专业于对美、加移民的投资进行基金管理及服务。公司主要成员都具备了十几年的在移民法律及投资管理方面的丰富经验。自从本公司于2000年启动其在中国的业务，美加宝投资公司（ACIC）为国人引进了许多可靠及经济的出国定居基金方案，近年来更有上千个家庭通过美加宝投资公司推出的基金方案而成功地定居海外。

  美加宝金融集团（MCAN）是一家在多伦多股票交易所挂牌上市的公司。在过去20多年来，美加宝（MCAN）一直由一组经验丰富的管理人员领导。美加宝（MCAN）为财务金融、投资管理机构的客户所管理的资产总值超过200亿加元，是除银行以外加拿大规模最庞大的不动产项目融资公司。美加宝（MCAN）与多家加拿大实力雄厚的财务金融机构建立了紧密互利的商业联盟关系，当您成为美加宝（MCAN）的客户，便可以在各种财务金融产品及服务中，选择最适合您个人需要的项目。

  美加宝投资公司（ACIC）及其合作伙伴美加宝金融集团（MCAN）、麦克杜格、麦克杜格和麦克吉尔证券公司（3MACS），以及其他法律专业人士将持续尽最大的努力提供最完善的服务以及回馈大家给予的一贯支持，欢迎您选择我们的美国或加拿大（联邦及魁北克）的投资定居产品。

亚洲代表处：
电话：8610-8441-7886
传真：8610-8441-7996
电子邮件：inquiry@acicgroup.com

移民加拿大，子女享受免费教育

提到移民的理由很多申请人的答案惊奇的雷同，即"主要是为了解决子女的教育问题"。的确，在家庭的第一代移民中最受益的当属孩子了，因为他们既可以免费接受加拿大的教育，同时又在学生时代了解和适应了加拿大的文化和生活，增强了完成学业后进入社会的竞争能力。

对于一个家庭而言移民后孩子的受益是最大的。

◆ 小学一年级开始一直至中学12年级（17～18岁）相当于国内的高中毕业均可以享受免费的义务教育。

◆ 高等教育节省5倍之多的学费，一般来说，加拿大大学对于一个国际学生，其一年学费约为18000加元，而对于加拿大的永久居民和公民却只有3000～4000加元。

◆ 享受政府的学生无息贷款

◆ 家长可以陪同孩子一起完成学业或随时前往探望，避免孩子处于无人监管的状态，孩子有事也可避免苦于国域的问题而无能为力，只能被动着急。孩子读完书可以自由选择留在加拿大或回国发展，若选择留下来不存在如何解决身份的问题。

第六章

Orientation to Candian Business and Cultural Practices
灵活多样的移民政策

加拿大放宽"移民监"限制

2002年6月28日,加拿大新移民法的出台在移民申请人中引起了很大的反响,对投资移民来说,新法放宽了限制,主要是在移民监方面,新法规定5年之内累计住满两年就可以,比起原来的前3年每年住满183天宽松了许多。

新法明确规定,对于已经登陆的新居民,要保证移民身份只需在前5年当中住满两年就可以,无论连续或者累计居住都可以。也就是说,登陆之后新移民可以马上返回中国,3年之后再到加拿大连续居住,也可以多次往返,这样投资移民就能够在照顾国内事业的同时,有更多时间适应加拿大的投资环境,相对于原来移民法的规定,新法下的投资移民能够更灵活地运用自己的移民身份和经营经验,开拓更广阔的事业和生活前景。

另外,由于新法对技术移民的要求有所提高,所以会使得技术移民申请人的数量减少,移民官可以有更多精力处理投资移民的申请,从而使投资移民的申请周期缩短。

部分加拿大免签国家					
美国	法国	德国	日本	韩国	英国
澳大利亚	荷兰	新西兰	挪威	比利时	意大利
安道尔共和国	安提瓜岛	巴布达岛	奥地利	巴哈马群岛	巴巴多斯岛
博茨瓦纳	塞浦路斯	丹麦	多米尼加	芬兰	希腊
匈牙利	冰岛	爱尔兰	以色列	基里巴斯	列支敦士登的
卢森堡	马来西亚	马耳他	墨西哥	摩纳哥	瑙鲁
巴布亚岛	新几内亚岛	葡萄牙	圣多美	格林纳呢	沙特阿拉伯
新加坡	所罗门	斯威士兰	瑞典	斯洛文尼亚	瑞士
图瓦卢	瓦努阿图	萨摩亚群岛	津巴布韦	普林西比尼维斯岛	西班牙

三、商业移民类

投资移民

投资移民作为加拿大商业移民计划的一个重要组成部分,历来受到众多移民申请者的青睐,如果你对该计划有了一定的了解,也许你会惊喜地发现,原来在北美,你的事业发展有着更为广阔的空间。

加拿大投资移民计划,就是投资者通过投资加拿大政府担保的基金,获得全家移民签证。由于有专业基金管理人代为管理投资,投资者无需自己在加拿大创业,从而避免了投资的风险。

特 点
(1) 投资移民的义务仅限于投资者做出投资,没有在加拿大从事生意的义务
(2) 零风险,只有在面试通过后才将资金投入,投资由加拿大政府担保
(3) 申请人可以选择贷款方式,减轻现金流的压力
(4) 对申请人的学历、语言能力、年龄没有过多限制
(5) 成功率最高达90%。

条 件
(1) 申请人为企业法人代表、股东、或者高级主管,有3年以上的成功经商管理经验
(2) 通过自己的努力,个人名下的资产(包括公司股份、分红、房产、存款等)累积不少于80万加元,可以说明资产的累计过程并提供相关证明
(3) 愿意向加拿大政府指定的银行投资40万加元或者12万加元。

注:魁北克投资移民与联邦投资移民条件基本相同,2006年10月16日实行了新的移民评分标准,年龄、学历、外语水平首次进入投资移民评份体系。具体评价标准参考如下:
新评分标准如下:
1. 教育分:最高13分;
2. 管理经验分(符合投资移民要求):最高10分,必须达6分以上;
3. 年龄分:最高10分;
4. 语言分:最高22分;
   a. 法语:0~16分
   b. 英语:0~6分
5. 在魁北克居住或工作和魁北克亲属加分:最高9分;
   a. 在魁北克居住或工作:最高6分
   b. 魁北克亲属加分:最高3分
6. 适应能力分:最高5分;

灵活多样的移民政策

7. 投资协议分：最高25分；

以上7项评分标准，满分94分，申请人累计得到40分就满足申请条件。

（注：以上评分标准仅供参考）

以次调整针对年龄较大且学历未达到高中毕业的申请人增加了难度，而对多数申请人将没有影响。

其他省投资投资移民计划

曼尼托巴省投资移民申请条件

1. 有三年的企业经营管理经验经商背景
2. 愿意在曼省投资至少15万加元
3. 个人总资产不少于35万加元
4. 能提供在曼省投资的详细资金证明
5. 要对曼省进行不少于7天的商务考察，以便对曼省的投资环境和生活环境有初步的了解，从而提供在曼省投资的商业计划书。

企业家移民

企业家移民是加拿大商业移民中的一种，要求申请人在申请时提交一个商业计划，在获得移民签证后必须在加拿大建立一项生意并至少雇佣一名加拿大人。否则他的签证将被取消，时间期限通常为3年。

条件

申请人需具备两年以上从事经营活动的经验，拥有公司一定股份，并具有30万加元以上的资产。申请人有能力在加拿大开办业，并且拥有此企业三分之一以上的股份，为加国创造至少一个就业机会。

自雇移民

自雇移民也属于商业移民的一种，不同的是加国政府对于自雇移民有很宽松的条件。对文化及艺术的认同，使得加拿大不同种族的多元文化蓬勃发展。

条件

申请人需向移民官证明自己能在加拿大给自己创造一个就业机会，并能给加拿大的文化、艺术、体育、农业等方面带来贡献。此类特别适合艺术家（画家、书法家、摄影家）、作家、设计师、演员、体育运动员等特殊专业人才，需具备在本国的自雇经验、或参与过世界级的文化、艺术、体育等活动。也适合欲在加拿大购买和管理农场的农场主。

特点

适合文化、艺术、体育界等著名人士，享有一定的知名度，并在自己的专业上有相当的成就，移民签证不带任何限制条件。

附 商业移民比较表

	商业移民标准		
	投资移民	企业家移民	自雇移民
条件	A 有成功经营或管理企业3年以上的经验，申请人可为企业法人代表、股东或高级主管。 B 申请人资产资累计80万加元以上。可说明资产的积累过程并提供证明。 C 愿意向加拿大政府指定银行投资40万加元或12万加元。	A 具有两年以上经商背景。 B 申请人的净资产累计30万加币以上。 C 有能力、财力前往加拿大投资创办企业，并亲自参与该事业每日的经营管理。 注：申请人被要求在取得签证前到加拿大进行至少一次的商业考察，并提出完整可行的商业计划，包括市场评估、分析、资金运用、预估损益、产销方式等，有语言要求。	申请人要向移民官证明自己能在加拿大给自己创造一个就业机会，并能给加拿大的文化、艺术、经济带来显著的贡献，这类申请者包括艺术家、体育名星及目前加拿大尚无的特殊事业经营者等，同时申请者必须能证明自己在专业上有相当的成就。 注：有语言要求。
投资金额	A 全额投资40万加币到加拿大联邦政府管理的投资移民基金。投资移民的投资期为5年，5年后返还全部40万加币，无利息，政府担保。 B 递件魁北克省的申请者净投资额为12万加元，可利用银行提供的贷款计划，政府担保。	申请人需在入境报到日之后二年内按照提交使馆的商业计划投资创办企业，并雇佣除申请人亲属以外至少一名加拿大永久居民或公民，为加拿大社会创造就业机会，对加国经济做出实质性贡献。所创办企业的投资金额无一定限制，但一般需10-15万加币。	申请者要在加拿大创立一项事业雇佣其本人，并籍此对加国的艺术、文化、经济方面有显著贡献，但无一定金额的创业限制。
居留权性质	为无条件移民，可随时灵活而不受限制地在加拿大选择居住省份，寻求发展机会。	为有条件移民。需在创办企业后向加拿大政府申请解除条件限制。	为无条件移民，可随时灵活而不受限制地在加拿大选择居住省份，寻求发展机会。

注 1 总分达到40分或以上者为合格。
2 目前加拿大新移民法正在讨论，详情请咨询加达公。
3 魁北克移民方案与联邦不同，详情请咨询加达公司。

第六章
Orientation to Candian Business and Cultural Practices
灵活多样的移民政策

四、独立技术移民

技术移民全称为加拿大技术移民。这类移民区别于商业移民，有其独特的鲜明特点。

特点

(1) 必须在加拿大境外申请。
(2) 不必找到加拿大雇主。
(3) 教育程度有要求，至少大专以上学历。
(4) 申请程序简单，审批时间长。
(5) 可申请年龄区域宽，年龄最好在21～49岁之间。
(6) 任何国籍均可申请。
(7) 不需要他人经济担保。
(8) 不需要在加拿大有亲属（如有可以加5分）。
(9) 职业、专业领域极为宽广。
(10) 申请资格审核标准化。
(11) 目前，加拿大联邦独立技术移民有标准的移民评分体系，跟据申请者的年龄、学历、外语水平累计得分67分即符合申请条件。魁北克技术移民与联邦技术移民相似也要进行综合评分，但是魁省技术移民对法语水平更加注重，另外，已婚和单身也会对申请有所影响。从近几年的技术移民申请审理速度上看，一般技术移民申请的审理时间都较长，有的申请甚至可能长达四、五年时间。
(12) 有语言要求。

五、家庭团聚移民

申请人如果有配偶、父母、子女是加拿大的永久居民或公民可申请家庭团聚。如果配偶在加拿大，无须经济担保。如果父母、子女在加拿大，需有加方的父母或子女出具财产及收入证明作为经济担保。

特 点

非独立孩子办理亲属团聚的年龄范围从22岁以下扩展至25岁，这一年龄取决于申请时的年龄。

灵活多样的移民政策

六、加拿大投资移民申请程序

- 加拿大律师免费评估
- 设计最佳申请方案及发展计划，委托公司代办移民申请
- 加拿大律师亲自受理，协助客户准备文件
- 递交申请材料
- 取得移民申请档案号
- 安排赴加商务生活环境考察
- 收到面试通知
- 移民顾问、加拿大律师协助准备面试培训
- 加拿大律师亲自陪同面试
- 面试通过，收到书面汇款通知
- 汇款
- 收到魁北克移民局甄选证书
- 体检及安全检查
- 取得移民纸
- 起程赴加拿大，正式成为加拿大永久居民
- 抵加后安家服务

七、加拿大投资移民费用一览表

费用类别	金 额			
加拿大申请费	联邦政府+魁北克政府			
	主申请人申请费CDN$1050.00+CDN$3850.00			
	配偶及超过22周岁的申请人申请费CDN$550.00+CDN$150.00			
	年龄不满22周岁的申请人每人申请费CDN$150.00+CDN$150.00			
加拿大政府落地费	22岁以上的申请人每人CDN$490.00			
面试翻译费	1600港币			
付加投资额	40万加币全款投资或以贷款形式12万加币左右			
其它费用	公证费	体检费	审计报告	房产评估费
	以国家公证处收费标准为依据	以加拿大指定的国际医院收费标准为依据	以国家会计师事务所收费标准为依据	以国家会计师事务所收费标准为依据

第六章

Orientation to Candian Business and Cultural Practices

灵活多样的移民政策

八、移民加拿大后落地指南

行前准备

必备证件

(1) 护照：请确认护照的有效期在6个月以上；
(2) 签证：仔细核对签证的有效期（通常是从体检之日起一年内有效），并确认第一次登陆的时间在签证的有效期之内。同时，请认真检查签证上的各项内容，如姓名、生日、护照号码等，如果有任何问题，请立即与加达公司联系，以便我们及时向使馆申请更正。

相关文件及证明

(1) 随身携带之贵重财物清单：该清单为办理加拿大海关入境手续时所用。请您在临行前准备中英文清单各 1 份，将所携带的现金及贵重物品大致列出即可；
(2) 报关清单：如第一次登陆后仍有物品须陆续运抵加拿大，则需另列报关清单，中英文各 1 份。清单中请列出您之后计划带到或运入加拿大的高价物品，如：名表、名包、高档相机、家具、及电器等；到加拿大境内列清单即可；
(3) 子女在校学习证明及孩子近期的成绩单公证，子女的出生公证；
(4) 子女防疫注射证明：在加拿大 16 岁以下的孩子入学时需持此证明，否则，孩子会按加拿大的要求补打疫苗；
(5) 车辆保险证明：如您有最近连续 1 年以上驾驶无肇事记录，可向汽车保险公司申请英文证明。该保险可使您在加拿大申请车辆保险时得到折扣。
(6) 驾驶执照原件及公证件或国际驾驶执照的原件：国内驾照在温哥华可使用3个月，在多伦多可使用2个月，国际驾照在加拿大可使用6个月。在此期间您须考取当地有效驾照，以便您以后的合法驾车。
(7) 护照尺寸的照片（白色底色，彩色照片，建议到正规的大照相馆拍照）每人以 6 张为好。

钱 币

按加拿大海关规定每人携带现金不能超过 10000 加币；

行囊准备

在加拿大很多物品并不比中国贵，所以很多物品是不用从国内带的。我们根据众多新移民的经验，给您如下建议：

(1) 切记要带来的物品：

常用药品：

最初的3个月是没有医疗保险的，所以应该带一些常用药品，如治感冒、发烧、肠胃、过敏、消炎的药。

工具书：孩子的字典是必带物品，因为这里的书和字典相对国内很贵。常用中文软件、电脑书籍也可有选择的携带。快译通在这儿很重要。

衣物：如您计划去东部及中部定居，一定要准备羽绒服。

日用品：

a.轻质被褥、枕头、床单、毛巾、浴巾；

b.洗漱用品；

c.菜刀、筷子、碗等厨房用品；

其他：简单五金工具包、剪刀等。

(2) 切记不要带来的物品：电器——尤其是电视机、音响、台式计算机等，因为加拿大的电源是 110V，60Hz，而且加拿大的电器价格也不比国内贵。同时，电器在运输途中受损害的几率很大。

温馨提示

1 一定要将重要文件（如护照、移民纸、驾照等）至少复印 2 份，1 份存放在中国的亲属手中，1 份放在自己的行李中，原件请随身携带。如方便也请携带结婚证书、学历证明、获奖证明等文件及公证，以方便在加生活、工作。

2 如果您吸烟，可以从国内带来（每人限带1条香烟）。

3 要记住这儿的电源是 110 伏的，千万别带电饭煲之类的东西。如果一定要带，最好再带一个变压器。

4 因为加拿大的公寓多只使用电炉，如果您考虑带锅的话请尽量带平底锅。

5 因为手机信号频段不同，所以国内的单频手机在加拿大是无法使用的。

第六章

灵活多样的移民政策

携带外币的方式

现金
每人不超过 10000 加币;

国内银行发行的国际双币信用卡
在国内很多银行都可以办理国际信用卡,主要有 VISA 和 MASTER 两种。这两者在使用上基本都差不多,相对而言 VISA 适用的范围比较广,推荐使用。

优点:手续合法,没有携带金额限制,国内存入现钞,在国外即可刷卡消费。

缺点:如果在国外提现,必须交 3% 的手续费,比较昂贵,适合短期旅游、或生活购物。

办理旅行支票或汇票
可以去各大城市的中国银行分行办理。

优点:安全,手续简便。

缺点:需要 3% 的钞转汇手续费,比较昂贵,而且每一张都有金额限制,不可能带太多。不适合移民类使用。

登陆指南

行李托运

(1) 航空托运

加拿大航空公司和中国国际航空公司对托运行李的基本要求是一样的,具体限定如下:

> 托运行李:每人两件 每件 23 公斤。
> 长+宽+高不超过 158CM
> 手提行李:每人两件 每件 10 公斤。
> 大的:23*40*55cm,小的:16*33*43cm

加拿大航空公司(Air Canada)对新移民托运行李有优惠政策,详情可致电加航售票处询问。加拿大国际航空公司北京办事处地址:北京市朝阳区燕莎中心 C 座 201 室,电话号码:010-64682001

海运行李

海运一般来说,需要 20 天左右,所以,在海运后 15 天左右抵达加拿大是比较合适的时间。

海运多采用集装箱运输,其规格有两种:20公斤,货柜长 5.2 米、宽,高都是2.3 米 / 载重 17.5 吨 / 体积 27 立方米;40公斤,货柜长 11.4 米、宽,高也是 2.3 米 / 载重 24.5 吨 / 体积 56 立方米,海运私人物品的规格在此范围之内的都可以运输。

(1) 海运文件

海运文件需填写海运委托书,其中必须注明收发货人(要求门到门),同时还需要提供移民纸复印件、护照复印件、物品清单(清单一定要本人签字,所在单位盖章)以供报关用。必需如实填写!

(2) 入境表格

不管您是乘坐加拿大航空公司的飞机还是乘坐中国国际航空公司的飞机,抵达加拿大之前您都会被要求填写加拿大的入境表。因该表为英文,现我们将对照的中文信息翻译如下,希望能给您提供参考。对新移民来说,您不需要填写第二部分,只需直接填写第三部分即可。如果您仍然有不明白的地方希望帮助,请尽量在飞机上寻求乘务人员的辅导。

第六章

Orientation to Candian Business and Cultural Practices
灵活多样的移民政策

入关填写表格（中文）

第一部分、所有旅行人员（必须居住在相同的地址）

姓名：
出生日期：   国籍：
姓名：
出生日期：   国籍：
姓名：
出生日期：   国籍：
姓名：
出生日期：   国籍：
姓名：
出生日期：   国籍：

家庭住址（门牌号、街道名称）_____
市：_____ 省 _____ 国家 _____ 邮编 _____

乘座	旅行目的		来自	
航班：	学习	□	美国	□
航班号：	私人	□	他国直达	□
	商务	□	他国到美国转机	□

我 / 我们带入加拿大的有：   是   否
- 枪支或其它武器   □   □
- 无论是否用于零售的与我职业或商业相关的物品
  （如：样品、工具、设备等）   □   □
- 动物、鸟类、昆虫、植物、植物部分、土壤、水果、蔬菜、

肉类、蛋类、奶制品、活体细胞、疫苗		☐	☐
●由危险物品制造或衍生物品		☐	☐
我／我们已经将非随身携带的物品运往加拿大		☐	☐
我／我们将在后十四天内参观加拿大的农场		☐	☐

第二部分、加拿大旅行者

在加拿大停留期	如有超过 60 加元的物品请写出总价值	数　　量	
		酒　类	烟　草

第三部分、加拿大居民（与第一部分填法相同）

第四部分、签名

1、		4、	
2、		5、	
3、		6、	

第六章

Orientation to Candian Business and Cultural Practices

灵活多样的移民政策

时间调整

和中国所通用的国内统一为北京时间不同，加拿大境内按时区的不同，时间也有所不同。以温哥华和多伦多为例，前者比后者晚3个小时。和中国的时间相比，北京比温哥华早16个小时，比多伦多早13个小时。具体以下表为例：

北京时间	温哥华 Vancouver	卡加利 Calgary	温尼伯 Winnipeg	多伦多 Toronto	哈里法克斯 Halifax
10：00	前一天18：00	前一天19：00	前一天20：00	前一天21：00	前一天22：00
16：00	当天00：00	当天1：00	当天2：00	当天3：00	当天4：00

加拿大在每年的5月至10月实行夏时制，此期间加拿大的时间和北京时间的差比正常情况少1个小时，即：北京比温哥华早15个小时，比多伦多早12个小时。

机场入境

从亚洲直接来加拿大落地的，一般在温哥华（Vancouver）或多伦多（Toronto）入关。由北美或其他国家来的，将在你的国际航班到达城市入关。

下飞机之后，在新移民入境人数较多的机场会有人持"新移民 New Immigrant"的牌子接应，帮助你办理入关手续。如果无人接应，应该尽快排队办理边境手续，然后到单独为新移民设立的办公室办理入境手续。如果不知道在哪里办手续，可以问穿制服的机场工作人员。加拿大机场提供普通话和粤语翻译服务。

温哥华机场平面示意图
Vancouver International Airport

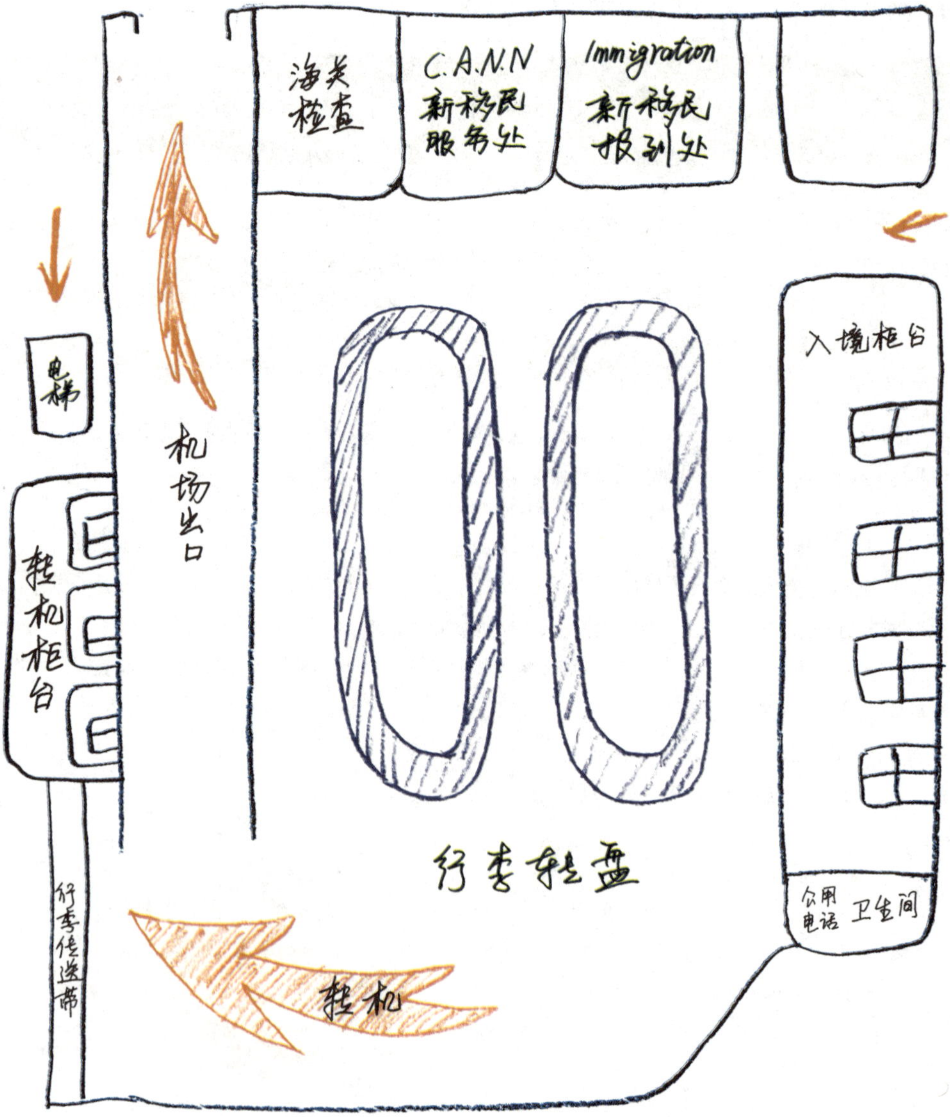

第六章

Orientation to Candian Business and Cultural Practices

灵活多样的移民政策

移民局

移民接待办公室的官员会检查你所带的文件，并核对你护照及移民签证上的内容，此外还会提出一些常规的问题，然后让你签字认可你的回答属实无误。常见的问题有你带多少钱到加拿大，你是否有不随身带的行李（Goods to Follow，一般为海运）。你还可以免费得到一些政府分发的关于新移民的权利和义务的小册子。

有的人在体检时有轻微的不合格项目，但是不影响通过体检。在这种情况下，移民官会在移民签证上加上附加条件，落地后，您必须在 30 天之内到医生那里去进一步体检或听候卫生部的通知。

特别提示

新移民提供地址是为了能在 4 周左右时间得到移民局签发的"枫叶卡"，因此要向移民局提供一个安全、可靠、能够收到卡的地址。如果您预订回程机票，机票上的返回时间也建议最好在 4 周以后，或者可以用 OPEN 票，等入境后再确认具体时间。

海 关

作为加拿大的新移民，你落地时带进来的个人财产和行李全部免税。如果你除了随身携带的行李外还有海运或其它方式运来的行李（统称"随后行李" items to follow），入海关时必须要申报。海关官员会给你申报表格，让你列出清单。只要不带烟酒或违禁物品，海关一般不开包检查新移民的行李。

过海关的时候都要求乘客将托运行李提出进行入关检查，在完成移民局落地和海关入关的手续以后，如果还要转飞机飞往其它城市，请马上再将行李继续托运。一出海关就有航空公司的托运和确认座位的柜台，您只需把行李放到指定的传送带上就行了，不必将行李推出国际区。为了及时赶上下一个航班，要及时向工作人员询问如何找到你该去的登机口。进入国内区的入口时一定说明是当天转机，登机牌上会给加盖免机场税的章，否则还要加收机场建设费。

加拿大
Orientation to Canadian Business and Cultural Practices
商务与生活指南

温馨提示

按照加拿大政府规定，家属不能单独于主申请人先行入境办理落地手续。家属可以和主申请人一起去落地办理手续，也可以待主申请人入境后再去。如果主申请人先入境，入境后要将移民纸正反面（第一次入境时移民官在移民纸的背面及护照上盖的章）及护照有关页复印（包括相应签证和印章）寄给后入境之家属，家属入境时要带上，证明主申请人在加境内。如果暂时不带小孩，小孩必须在签证有效期内入境以防签证过期。入境后在加境内各省自由来往无限制。如果移民申请时，在 IMM0008 表上家属填写的是不随行，那就意味着你没有同时申请家人的移民签证，亲属只能在日后以家庭团聚的方式申请赴加。

落地后必办事宜

银行开帐户

加拿大的金融非常发达，各大银行的分行遍布全市各主要街道，并为客户提供多种服务，客户可开设不同种类的帐户。在你到达加拿大后，加达商务中心会协助您尽快开设银行帐户，以避免随身携带大量的现金，同时也方便较大宗消费（如房费）的支付。

加拿大最具实力的五家银行
Bank of Montreal
Royal Bank of Canada
Canadian Imperial Bank of Commerce(CIBC)
Toronto Dominion Bank(TD)
Scotia Bank

申请社会保险卡

社会保险卡（Social Insurance Number）简称 SIN 卡，相当于中国的身份证。因为它是合法工作的证明，所以又称工卡。SIN 卡是你到加国后要申请的第一个卡。因为其他卡及银行帐号的申请和儿童牛奶金的领取都要用 SIN 卡。SIN 卡要到你住处附近的劳工中心去申请，加达服务中心的人员会免费带您办理。申请 SIN 卡时您需亲自携带护照和移民纸前往，整个申请时间在4周左右。如果 SIN 卡丢失了，可以再申请补办，但号码是不变的。一个人拥有两个以上的社会保险卡是非法的。

申请医疗保险卡

医疗保险卡是享受免费医疗保险用的。它是在申请 SIN 卡之后才能申请的。因为加拿大政府规定，新移民在到达加拿大3个月后才开始享受医疗保险，所以这个卡您要在申请之后

第六章
Orientation to Candian Business and Cultural Practices
灵活多样的移民政策

两个半月左右收到，并于第三个月开始生效。医疗保险在加拿大各省略有不同，其本上除买药、看牙医以外的看病、住院和检查都是免费的。办理医疗保险卡需要申请人将护照、移民纸的复印件及填好的表格，按各省所提供的地址寄出即可。

儿童入学

根据加拿大的法律，年龄在 6～16 岁之间的孩子必须入学。4～5 岁的孩子可以进入小学里的学前班。这里的小学、中学教育一共是 12 年（魁北克省为 13 年），所有公立学校教育都是免费的。

当你到达加拿大以后，就可以将孩子送到居住地附近的学校入学，这里的小学一般有 7 个年级，中学有 5～6 个年级，校方会根据你孩子的实际年龄将小孩安排到相应的年级就学。由于加拿大是一个移民国家，所以几乎每个公立学校都设有专门的外国人英语课程为新移民子女补习英语。如果学校超过了步行的距离，学校会提供校车，每天到你的楼门前接送孩子。

加拿大的学年和中国一样有两个学期，通常从 9 月的第一周开始到圣诞节前为秋季学期，次年 1 月的第一周到 6 月的最后一周为春季学期。一般学校在圣诞节有两周的寒假，每年的7月和8月是暑假。

申请牛奶保险金

加拿大政府对中低收入家庭的 18 岁以下儿童按月发给补助津贴，即当地华人俗称的"牛奶金"。"牛奶金"的金额是以收入的多少为依据的，每位儿童的奶金数额为每月 200 加元左右。牛奶金一般应以母亲的名义申请。

加拿大生活小常识

货币和汇率

加拿大的货币系统是以元和分来计算。换汇最好在指定的金融机构，如银行、信托公司等。酒店、商店和餐馆也可以换，但是汇率不如金融机构的合算。此外，很重要的一点就是旅客在离开自己的国家之前，建议先换一部分加元。

除了1分、5分、10分和25分的硬币以外，加拿大现在有1加元和2加元的硬币，被称为"loonie"和"toonie"。纸币有不同的颜色和设计，最常见的是蓝色的5加元、紫色的10加元、绿色的20加元、红色的50加元和棕色的100加元，另有大额1000元纸币流通。

小 费

在加拿大的餐馆里通常并不把小费或者服务费算进账单。因此很多餐馆的工资水平是将小费收入算在里面综合考虑的。如果对所得到的服务满意，通常要付15%的小费。

有一些餐馆对团体宴会的帐单加上一定的服务费，服务生会在客人点餐前告知这种情况。理发师、计程车司机、门卫、行李搬运工以及酒店、机场、火车站等地的相应的工作人员通常一件行李付1加元的小费。

邮局营业时间

邮局的工作时间各地不同，但是大多数是工作日的上班时间开放。

电 源

加拿大使用110～120伏直流电，适用于所有的美洲电器。如果使用中国电器、欧洲电器则需加一个转换器。

第六章
Orientation to Canadian Business and Cultural Practices
灵活多样的移民政策

电　话

在中国打加拿大长途电话

例如：604-123-4567

国际电话号码（00）—加拿大国家代号（1）—地区号（604）—对方电话号码（123-4567）：001 604 123-4567

在加拿大打中国长途电话

例如：010-1234-5678

国际电话号码（011）—中国国家代号（86）—从地区号去掉0后的数字（10）—对方的电话号码（1234-5678）：011-86-10-1234-5678

商业和银行的营业时间

商业一般是早9：00～晚6：00

银行一般是早9：00～晚4：00

所有大的机场都可以兑换外币。

信用卡和自动取款机

应用广泛的主要信用卡有VISA、万事达（Master Card）和美国运通卡（American Express）。需要注意的是，在你收到当月的账单之前，你本国的金融机构就已经自动将其进行了外汇的兑换。

在加拿大你可以在每一台自动取款机上使用任何加入联机系统的银行卡，自动取款机在各大城市的银行和机场都有，十分方便。

特别提示

根据国际航协（IATA）的规定，所有国际机场都有一个由3个大写的英文字母组成的代码，这个代码是惟一的，大多与该地的英文名称相近。例如中国北京国际机场的代码为PEK，上海国际机场的代码为SHA等。

因此如果要购买从中国北京到加拿大温哥华的机票，就可以表述成"购买从PEK到YVR的机票"。

公 制

加拿大是英联邦国家，多年来一直采用英制作为计算里程或重量的标准。为了和国际接轨，加拿大决定使用十进制的公制来计算里程及重量。可是由于长时间使用英制，虽然经过多年的宣传及使用，加拿大公民对公制仍有不习惯的情况发生。于是政府为了便民，两种制式同时采用。而对于中国的游客，出行前先熟悉一下两种制式的对比是很有帮助的。

重量方面：超市里有公斤也有磅的标记，换算时，1公斤等于2.2磅。书写符号磅是lb，公斤是kg。

里程方面：公路上有英里及公里的标志，换算时，10公里等于6英里。书写符号英里时速MPH，而公里时速是km/h。

其他的一些换算如下：

1公升=1.057夸脱

华氏度F=摄氏度9/5+32

1英寸=2.54厘米

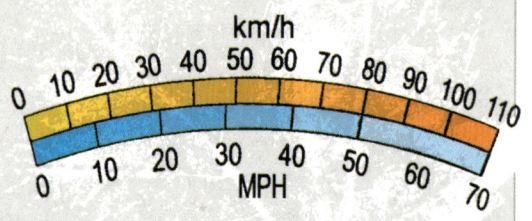

时 区

加拿大有六个时区。位于最东边的纽芬兰的时间比格林威治时间（GMT）晚三个半小时。其他的时区有大西洋时区、东部时区、山地时区、西部时区和太平洋时区。

各个地区，尤其是不列颠哥伦比亚东部和魁北克的东部在夏令时和标准时的转换有所不同。因此在夏季时，当地时间和山地时区时间是一致的。

编者后记

加拿大以其丰富的自然资源、良好的教育制度和生活环境，及包容的多元文化政策，稳定的社会体系和长期友好的中加关系，正在成为中国企业和企业家走向世界发展的首选。

1992年我拿到渥太华大学全额奖学金，赴加拿大留学。时值加拿大建国125周年，来自世界各地的移民组成的加拿大人民，欢快而自豪地庆祝有着短暂而又辉煌历史的国家。在繁忙的学习之余，加拿大丰富多彩的多元文化，人民的安居乐业，完善的商务环境和良好的生活环境使我思考一些更深刻的问题。加拿大何以在短短的历史中，将自己建设成为世界上最为发达的现代化国家之一？谁是加拿大人？加拿大是谁的？

1993年加拿大自由党上台执政，提出了对日后中国与加拿大两国间发展有较大影响的两个政策：一个是大力地开放移民政策，积极引进有知识的技术人才和有管理经验有一定社会财富的商务人才；二是大力发展与中国长期友好的两国关系，促进贸易经济社会文化交流。我当时任加拿大渥太华大学中国学生会主席，接触到大量加拿大的政策和信息，意识到加拿大与中国两国之间有巨大的经贸发展空间。

加拿大属北美自由贸易区，是世界上最大的市场。而从地球村的概念来说，10个小时的行程就可以从北京、上海、香港飞抵加拿大温哥华。飞往北美大部分主要城市，包括多伦多、纽约、波士顿、芝加哥、亚特兰大等。由于加拿大地域的方便，加拿大政府投资建造面向亚洲的太平洋门户"Pacific Gateway"，向中国及亚洲打开方便的大门。

中国经济持续高速发展，开放的中国正在与世界接轨，越来越多的中国企业实施"走出去"的发展战略，需要到海外开拓市场，树立海外品牌，建立海外公司或办事处。加拿大拥有国际化理念和许多成熟的管理经验、先进的技术、丰富的自然资源和广阔的市场资源，这些构成了两国及两国企业家优势互补的巨大合作空间。

1994年加拿大总理克里蒂安率领有史以来最大的政府贸易代表团——被冠名为"加拿大国家队"的庞大代表团访问中国，我有幸作为团员，见证了两国政府高瞻远瞩的战略合作伙伴关系，签署了一系列促进中加两国经贸、文化教育等领域的合作。我和我的合作伙伴立即决定在中国设立办事处，利用我们对两个国家的国情、语言、文化、商务环境和机会都有些了解的资源优势，开始为中国企业和企业家赴加拿大发展提供帮助和咨询。我们顺应了时代发展的潮流，正是从那时起，中国经济进入快车道，我们的企业也逐渐发展壮大起来。

十多年过去了，中国经济在世界舞台上不断创造着奇迹。高速稳定发展的中国加入了世贸组织，中国政府提出了"两个资源、两个市场"战略，中国企业更加坚定地实施"走出去"的战略方针，中加两国领导人多次互访，两国经贸合作不断创出新高。2005年中国国家主席胡锦涛成功访问加拿大期间，两国签署了"重要战略合作伙伴"的协议，更是树立了国与国合作的楷模。

在良好的大环境下，两国企业交流发展的需求也日益增多。我们得到了来自两国政府、民间机构和企业的大力支持与合作。2002年我们与清华大学联合成立了"清华大学对外——加达国际化培训中心"，我们邀请对中加两国经贸有着丰富经验的两国政府官员和专家，为中国优秀的民营企业家介绍加拿大的商务生活环境，帮助中国企业家全面系统地了解加拿大的国情、教育、生活及商机。众多的企业家赴加拿大设立公司，创建品牌，打开市场，融资上市。加拿大的国际矿业资源和矿业资本市场在世界上独占鳌头，对中国资源、矿业、环保类企业尤其有吸引力。仅2006年加达集团引进的外资在矿产、能源、环保等方面就达8200万加元。

十多年来，我们先后为全国工商联及各地工商联、清华大学及其它学校总裁班、各地民营企业协会成功举办了"加拿大商务生活环境及赴加拿大发展的讲座和论坛"，受到众多的中国民营企业家的欢迎。我们欣喜地感到中国民营企业家已经开始对全球化的发展战略有了越来越广泛深入的认识与要求。我们与全国工商联、清华大学等单位联合开展的"中国民营企业国际化调查报告"表明，超过50%的中国民营企业具有国际化发展的考虑，超过25%的民营企业家愿到加拿大开拓市场、设立公司或建立品牌，超过60%的民营企业家愿意赴加定居或安排子女到加拿大留学。

长期的经验使我们感受到，中国经济持续调整增长将需要更多的中国民营企业走向国际。加拿大以稳定开放的多元文化政策、先进的管理和丰富的自然资源和巨大的北美市场，已成为中国企业走向世界的首选。为了使中国企业更加全面深入的了解加拿大的商务生活环境，更好地帮助中国企业家赴加拿大发展，编者根据长期的工作积累编撰此书，希望为中国企业的国际化起到抛砖引玉作用。由于编者在编书方面并无专长，因此此书难免挂一漏万，某些数据陈旧或观点不正确，还望读者海涵指正。

本书得已完成凝聚了来自各方面的支持和帮助。我要特别感谢的是：加拿大国际贸易部部长David Emerson先生，加拿大驻中国大使馆大使Robert Wright先生，商务处参赞Louis Leblanc先生，文化处王荔女士，加拿大蒙特利尔银行的多位朋友、加拿大MCAP基金公司Bob Wang先生，加拿大MacDonald房地产公司Diana Chan女士及加拿大旅游局首席代表Derek Galpin先生，他们为此书提供了资料、图片、赞助和许多宝贵的支持及建议。

我还要感谢的是中国社会科学院前院长——我清华大学化工系的老师滕藤教授，为此书提出了宝贵资料和意见；当代世界出版社的王颖女士，为此书做了大量的编撰修改工作。还有全国工商联、中国侨联、中国欧美同学会的领导和朋友们，清华大学化工系、清华大学对外交流中心及清华大学总裁班老师和同学们，长期与我共同工作的加拿大加达国际商务投资集团的全体同事们以及我的家人们。此书愿为具有国际化理念，欲赴加拿大发展的企业家及读者朋友，起到一点敲门砖的作用。毫无疑问，中国企业迈向国际的步伐已愈发坚定和成熟，我们预祝中国经济更加国际化，中国企业更快更好地与世界经济接轨，祝中国企业家在全球化的社会中生活更加美好幸福。

闫长明
2006年12月于北京

附录一

中加关系大事记

1959年
- 《环球邮报》在北京设立办事处，首任驻华记者弗雷德里克。

1960年
- 加拿大和中国签订了第一个向中国出售小麦的协议，1961年发运。

1970年
- 经过在斯德哥尔摩进行的长达22个月的谈判，10月13日加拿大和中华人民共和国建交。

1971年
- 加拿大临时代办派驻北京，加拿大驻华大使馆建馆。
- 中华人民共和国在渥太华设立大使馆，黄华出任中华人民共和国首任大使。
- 工业、贸易和商业部长让·吕克·佩潘率领第一个加拿大官方代表团访华。
- 中华人民共和国代替台湾（中华民国）成为联合国成员国。驻加大使黄华作为中华人民共和国驻联合国大使前往纽约。

1972年
- 外交部长米切尔·夏普率团访华，并参加了北京举行的、有600名加拿大官员和商界领袖参加的加拿大贸易博览会。这是周恩来总理首次出席的外国贸易博览会。夏普还前往石家庄，并宣布加拿大政府承认诺尔曼·白求恩大夫的成就的历史意义。
- 加拿大和中国举办了首次官方体育交流活动。中国派出了乒乓球运动员、游泳运动员和跳水运动员前往加拿大。加拿大则向中国派出了滑冰运动员、篮球和羽毛球运动员。
- 由采矿和冶金工作师组成的中华人民共和国的技术人员代表团对加拿大进行首次重要参观访问。
- 索斯姆（Southarm）通讯社向北京派驻首任常驻记者。

1973年
- 皮埃尔·特鲁多总理是第一个对中华人民共和国进行正式访问的加拿大总理。访问期间，加拿大和中国签订了领事协议，允许双方在对方国家设立领事机构。加拿大和中国签署了关于家庭团聚的谅解备忘录。
- 加拿大和中华人民共和国签署了一个民航运输协议，实现了两国的空中直航。
- 中国和加拿大签署了关于延长最惠国待遇的协议。
- 加中学术交流项目中的第一批来华学习的加拿大留学生抵达北京。

1974年
- 中国在温哥华设总领馆。
- 根据家庭团聚谅解备忘录的有关条款，第一批中国移民抵达加拿大。

1976年
- 诺尔曼·白求恩博物馆落成典礼在安大略省格雷文赫斯特市举行。

1977年
- 中华人民共和国外交部长黄华访加。

1978年
- 新华社记者参加加拿大议会新闻图片展。
- 加中贸易理事会成立。
- 由安德鲁·戴维斯指挥的多伦多交响乐团访华。

1979年
- 加拿大和中国签订了经济合作议定书，决定成立一个审查双边贸易事务的联合委员会，并进一步促进双方在高科技产品和服务方面的贸易往来。
- 加拿大代表团访华，纪念诺尔曼·白求恩大夫逝世40周年。
- 加拿大电视台在北京设立常驻记者站。

1980年
- 温哥华民间组织：北美洲熊猫企业有限公司开展民间文化交流活动包括：维多利亚和苏州建立加中之间第一对友好城市。
- 加拿大广播公司在北京设立办事机构并委派常驻记者。

1981年
- 首次对华提供发展援助基金。

1972年
- 中华人民共和国电子工业部部长江泽民访加。

1984年
- 加拿大对华出口额超过20亿美元。
- 中国在多伦多设总领馆。

1985年
- 中华人民共和国主席李先念和副总理李鹏访加。

1986年
- 布赖恩·马罗尼总理访华并签署了避免双重征税协议。
- 加拿大在上海设总领馆。
- 中华人民共和国副总理姚依林访加,并出席在温哥华举办的世界博览会中国日活动。
- 国际贸易部长詹姆斯·凯莱赫访华。中国就加入关贸总协定一事寻求加方支持。

1987年
- 加拿大航空公司开设飞往上海航班。中国民航(现中国国际航空公司)开设飞往温哥华和多伦多的航班。
- 让娜·索维总督访华。
- 中央军事委员会副主席(后为国家主席)杨尚昆访加。
- 国际贸易部长兼加拿大小麦委员会部长帕特里夏·卡尼访华。

1988年
- 中华人民共和国副总理田纪云访加。

1989年
- 全国人大常委会委员长万里访加。

1990年
- 双边贸易额超过30亿美元。生产资料占加拿大对华出口总额的50%。

1992年
- 工业、科学和技术部长兼国际贸易部长迈克尔·威尔逊访华。
- 双边贸易额达到6亿美元。

1993年
- 中华人民共和国副总理朱镕基访加。

1994年
- 中华人民共和国副总理邹家华访加。
- 加拿大在广州开设领事馆。
- 加拿大在中国实行四大支柱政策:经济伙伴,可持续发展,人权、良好的管辖和法治,以及和平与安全。
- 国际贸易部部长罗伊·麦克拉伦访华。
- 在农业和农业食品部部长拉尔夫·古德尔的陪同下,总督雷·赫纳提辛访华。
- 外交部长安德烈·克莱访华,并签署了环境发展项目与合作的意向书及一个相互法律支援协定。他和中国外经贸部长吴仪女士共同批准了加国际发展署的中国国家发展政策框架。
- 加拿大总理让·克雷蒂安率"加拿大国家队"首次访华,加达集团为代表团成员,开拓中国市场中国。

1995年
- 加拿大驻中国大使馆正式受理移民服务。

1997年
- 加中两国旅游备忘录在渥太华国会大厦签字，克雷蒂安总理及江泽民主席监督签字。
- 国际贸易部长马奇率工商团访问北京、上海及香港。

1998年
- 加拿大总理让·克雷蒂安率国家队第二次访华。

1999年
- 加拿大旅游委员会代表团由符坚仁主席率领访华，与中国钱其琛副总理会晤。

2001年
- 加拿大旅游委员会中国办事处成立。
- 总理让·克雷蒂安率国家队第三次访华。

2003年
- 温家宝在渥太华出席了加中理事会举行的午宴并发表演讲。
- 12月11日温家宝总理访问加拿大，并与加拿大总理克雷蒂安举行会议。双方表示进一步推进中加关系。

2005年
- 胡锦涛主席访问加拿大，取得了圆满的成功。两国双方确立了重要的战略伙伴关系，加拿大最大媒体"环球邮报"推出60版专刊，全面介绍中加经济合作，并对加达集团十年来在中国的成就做了报道。

2006年
- 加拿大推出"太平洋门户"战略，旨在打造沟通中国和亚洲与加拿大、美国的经贸往来，加拿大政府就百年前向华工征收"人头税"道歉并做出了象征性赔偿。
加拿大国际贸易部长致函加达集团，赞扬在中加交流中做出的贡献。
- 加达集团帮助"中青旅"等一批中国知名企业在加拿大注册品牌，成立公司开展业务，更多的中国企业"走出去"开拓北美市场。
- 加达集团协助山西省委书记张宝顺率领的矿业代表团成功访问加拿大，签署了在煤矿、有色矿、煤层气开发矿业安全投资等一系列协议，加达集团组织加拿大矿业投资代表团12月回访山西，并举办加拿大与山西矿业投资论坛，煤矿、煤层气开发引进外资8200万加币。

附录二

加拿大部分酒店电话与地址

星 级	酒店名称	地址 / 电话 / 传真
	温 哥 华	
♦♦♦	The Pan Pacific Hotel	300-999 Canada place Vancouver B.C. Tel: (604) 662-8111　　Fax: (604) 685 8690 E-mail: info@panpacific-hotel.com
♦♦	Crown Plaza Hotel	801 West Georgia Street Vancouver, B.C. V6C 1P7 Canada Tel: (604) 682-5566　　Fax: (604) 642-5579 E-mail: general@hotelgeorgia.bc.ca
♦♦♦	Quality Hotel	7228 Westminster Hwy Richmond, B.C. V6X 1A1 Canada Tel: (604) 244-3051　　Fax: (604) 244-3081 E-mail: sales@qualityairport.ca
	维 多 利 亚	
♦♦♦♦	Fairmont Empress Hotel721	Government Street Victoria, B.C. V8W 1W5 Canada Tel: (250)384-8111　　Fax: (250) 381-4334
♦♦	Delta Victoria Ocdan Pointe Resort And Spa	45 Songhees Road, Victoria, B. C. Canada V9A 6T3 Tel: (250)360-2999　　Fax: (250)360-1051
♦♦♦	Best Western Carlton	642 Johnson Street Victoria, B.C. V8W 1M6 Canada Tel: (250) 388-5513　　(800)663 7241 Fax: (250) 388-5343
	蒙 特 利 尔	
♦♦	Le Centre Sheration	1201 Rene-Levesque Blvd West Montréal Quebec H3B 2L7 Canada Tel: (514)878 2000　　Fax: (514) 878-3958
♦♦♦	Best Western Hotel	1240 Rue Drummond Near Ste-Catherine Europa Downtown Montreal, Quebec H3G 1V7 Canada Tel: (514) 866-6492　　Fax: (514) 861-4089
♦♦♦	hyatt Regency Hotel	1255 Jeanne-Mance, PO Box 130 Montreal, Quebec H5B 1E5 Canada Tel: (514) 982-1234　　Fax: (514) 285-1243 E-mail: salesmtlrm@hyatt.com

	魁 北 克	
★★	Hotel Manoir Victoria	44, Côte du Palais, Vieux-Québec (Québec) G1R 4H8 Canada Tel: (418) 692-1030 Fax: (418) 693-3822
★★	Hotel Universel	2300, chemin Ste-Foy, Ste-Foy(Québec) G1V 1S5 Canada Tel: (418) 653-5250 Fax: (418) 653-4486
	卡 尔 加 里	
★★	The Westin Calgary	320 4TH Ave sw Calgary, Alberta T2P 2S6 Canada Tel: (403) 266-1611 Fax: (403) 265-7908
★★★	Days Inn	3828 Macheod Trail Calgary T2G 2R2 Alberta Canada Tel: (403) 243-5531 Fax: (403) 243-6962
	埃 德 蒙 顿	
★★	Fantasyland Hotel	17700-87 Avenue Edmonton, Alberta T5T 4V4 Canada Tel: (780) 444-3000 Fax: (780) 444-3294 E-mail: info@fantasylandhotel.com
★★★	The Sutton Place Hotel	10235 - 101 Street, Edmonton, Alberta T5J 3E9 Canada Tel: (780) 428-7111 Fax: (780) 441-3098 E-mail: info_edmonton@suttonplace.com
	渥 太 华	
★★★	Fairmont Chateau	1 Rideau Street, Ottawa,Ontario K1N 8S7 Cannada Tel: (613) 241-1414 Fax: (613) 562-7030
★	Sheraton Ottawa	150 Alberta Street,Ottawa,Ontario K1P 5G2,Canada Tel: (613) 238-1500 Fax: (613)235-2723
★★★	Lord Elgin	Lord Elgin, 100 Elgin Street, Ottawa, ON K1P 5K8 Tel: (613) 235-3333 Toll Free: 1-800-267-4298 Canada & US) Fax: (613) 235-3223 E-mail: reservations@lordelgin.ca
★★	Capital Hill	88 rue Albert Street Ottawa, Ontario Canada 1-800-463-7705 Tel: (613) 235-1413 Fax: (613) 235-6047

	多 伦 多	
★★★	Four Seasons Hotel	1165 Leslie Street, Toronto, Ontario M5G 1Z4,Canada Tel: .(416)449-1750 Fax: (416)441-4374
★★★	Delta Chelsea Inn	33 Gerrard Street W., Toronto, Ontario M5G 1Z4, Canada Tel: (416)595-1975 Fax: (416)585-4375
★★★	Days Inn Toronto	30 Carlton street Yonge & Carlton street , Toronto,Ontario M5B 2E9, Canada 1-800-329-7466 Tel: (416)-977-6655 Fax: (416)977-2865
	尼亚加拉大瀑布	
★	Hilton Hotel Niagara Falls	6361 Fallsview Blvd Niagara Falls,Ontario L2G 3V9 Canada Tel:1-905-354-7887 Fax: 1-905-374-6707
★★★	Clarion Hotel	6045 Stanley Avenue , Niagara Falls,Ontario L2G 3Y3 Canada Tel: (905) 374-4142 Fax: (905) 374-1251 E-mail: hotelhelp@choicehotels.com
	班 芙	
★★	Banff Springs Hotel	P.O.Box 960,Banff,Alberta T0L 0C0 Canada Tel: (403)762-2211-43 Fax: (403) 762-5755
★★★	Banff International Hotel	333 Banff Avenue,banff Alberta T0L 0C0 Canada Tel: (403)762-5666 Fax: (403) 762-4859
	嘉 士 伯	
★★	Jasper Park Lodge	P.O.Box 40 Jasper,Alberta, T0E 1E0 Canada Tel: (780) 852-3301 Fax: (780) 852-5107

附录三

使馆及服务机构名称电话

加拿大驻中华人民共和国大使馆

地址：北京市朝阳区东直门外大街19号

电话：86-10 6532-3536

传真：86-10 6532-4311

网址：www.beijing.gc.ca

Email: Beijing-td@international.gc.ca

中国驻加拿大大使馆

地址：515 St. Patrick Street, Ottawa, Ontario, Canada K1N 5H3

电话：001-613-7893434/7910511

传真：001-613-7891911/7891414

网址：http://www.chinaembassycanada.org

http://ca.china-embassy.org

http://ca.chineseembassy.org

E-mail: chinaemb_ca@mfa.gov.cn

加拿大加达国际商务投资集团

地址：北京市东长安街1号东方广场W3座306室

邮编：100738

电话：010-85181906/07/08/09/10

传真：010-85181033

网址：http://www.cadavisa.com

Email: cadavisa@CADAVISA.COM

鸣 谢 单 位

 加拿大国际贸易部

 加拿大驻中国大使馆

 加拿大航空公司

 加拿大旅游局

 加拿大蒙特利尔银行

 美加宝（MCAN）金融集团

MACDONALD REALTORS WESTMAR 麦唐纳地产经纪公司 陈太

 加拿大加达国际商务投资集团

感谢以上单位为本书提供图片和资料

图书在版编目（CIP）数据

加拿大商务与生活指南 / 闫长明主编. —北京：当代世界出版社，2007.1
ISBN 978-7-5090-0073-1/K.012

Ⅰ.加... Ⅱ.闫... Ⅲ.加拿大—概况
Ⅳ. K971.1

中国版本图书馆CIP数据核字（2006）第026118号

加拿大商务与生活指南

书　　名：	加拿大商务与生活指南
出版发行：	当代世界出版社
地　　址：	北京市复兴路4号（100860）
网　　址：	http://www.worldpress.com.cn
编务电话：	（010）83908404
发行电话：	（010）83908410（传真）
	（010）83908408
	（010）83908409
	（010）83908423（邮购）
装帧设计：	北京水长流文化发展有限公司
经　　销：	新华书店
印　　刷：	北京雷杰印刷有限公司
开　　本：	680×980　　1/16
印　　张：	15
字　　数：	300千字
版　　次：	2007年1月第1版
印　　次：	2008年4月第2次印刷
书　　号：	ISBN 978-7-5090-0073-1/K.012
定　　价：	68.00元

版权所有·侵权必究（如有印装错误，请与发行部联系）

加拿大地图 CANADA